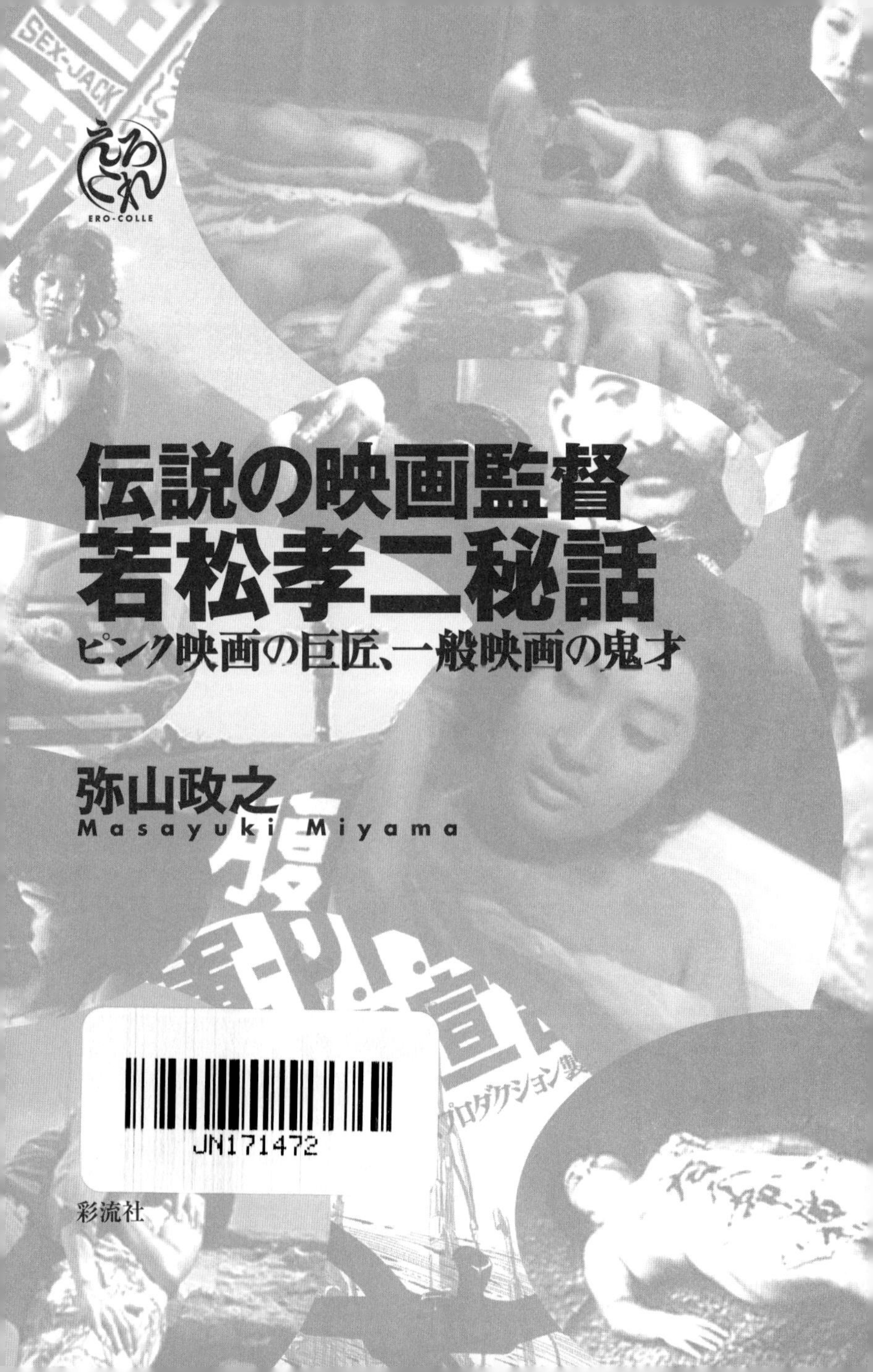

えろこれ
ERO-COLLE

伝説の映画監督 若松孝二秘話

ピンク映画の巨匠、一般映画の鬼才

弥山政之
Masayuki Miyama

彩流社

目次

プロローグ

伝説の映画監督、若松孝二が亡くなって五年(二〇一二年十月七日、交通事故死)が経つ。

昭和三十年代後半、エロ映画と蔑まれたピンク映画(成人映画)創世期の一軍メンバー(九人)の一人として『甘い罠』を引っさげて、彗星のように現れたピンク映画のパイオニア若松孝二監督。

一九六五(昭和四十)年、映連(日本映画製作者連盟)の知らぬ間に、ベルリン国際映画祭に出品されたエロダクション映画『壁の中の秘事』(若松プロ第一作)が、「日本の恥」「国辱映画」と批難、罵倒され、日本映画界にセンセーションを巻き起こした。それがピンク映画監督「若松孝二」の名を世に知らしめることになった。

若松映画は表紙はピンクだが、中味は「性と暴力」「反権力・反社会」を色濃くした映画であり、安保反対・学園闘争という政情不安のなか若者層や学生たちに熱狂的に支持され、『犯された白衣』『性の放浪』『理由なき暴行』などを発表したのが前期で、若松監督は「ピンク映画の巨匠」「ピンク映画の黒澤明」と呼ばれた。

一九六二(昭和三十七)年、ピンク映画第一号作品と言われる『肉体の市場』(小林悟監督、大蔵映画)以来の「ピンク映画黄金時代」は、一九七一(昭和四十六)年、日活がポルノ映画会社に変身し、「にっかつロマンポルノ」第一号『団地妻　昼下がりの情事』(西村昭五郎監督、主演・白川和子)、『色魔大奥秘話』(林功監督、主演・小川節子)がスタートした昭和四十年代までの十年間であり、昭和五十年代に入るとピンク映画は下り坂を余儀なくされた。

メジャー映画界は一九七六(昭和五十一)年、角川書店社長の角川春樹が「角川映画」を誕生させ、『犬神家の一族』(市川崑監督)を製作。完成披露パーティーが東京プリンスホテルで行われた。

その光景は『日本映画一〇〇年史』(西川昭幸・著)で次のように記されている。

千人の招待客が見守る中、突然、会場のあかりが消され、白塗りの舞踏手が二人、強いライトを浴びて狂ったように踊り始める。あまりに奇異な光景に、思わず声を上げる女性もいたが、その闇の中で、白木の棺が運び込まれたのに気づく者はいなかった。

人々が気づいたのは、白木の棺が静かに会場の中央に立てられた時だった。その棺を蹴破って登場したのは、不気味な仮面をかぶり、白のタキシードに着飾った角川春樹プロデューサーだった。その夜から、彼はスターになった。

劇的なデビューだったのは、プロデューサーの角川春樹だけではなかった。肝心の映画の方も一九七六(昭和五十一)年十一月十三日公開され、四十日間で九十万人の観客を動員するという大ヒットで、最終的には十七億円の配収を上げた。

「映画は監督だ」として監督がクローズアップされるが、やはり映画はプロデューサーであろう。であるのに、プロデューサーは影が薄い。これはおかしい。このような「おかしさ」を、素人の角川春樹プロデューサーが、「監督の映画ではない。石坂浩二やあおい輝彦、高峰三枝子の映画ではない」。〈俺の映画だ〉と言わんばかりに主役を演じてみせたのだ。

そして角川春樹プロデューサーは映画界に旋風を巻き起こしていく。

一九八一（昭和五十六）年、映画界には刺激的な作品を引っ下げた、若く、無名の、多くの新人監督が登場した。なかでも「キネマ旬報」ベストテンの、ベスト1に小栗康平『泥の河』、ベスト2に根岸吉太郎『遠雷』、ベスト7に井筒和幸『ガキ帝国』が入り、「日本映画界に若返りが始まった年」との印象を強く残した。

小栗康平は、浦山桐郎、大林宣彦、篠田正浩監督などの助監督を務め、初監督でベスト1の栄誉に輝いたが、映画界のスタートはピンク映画である、と言われている。

根岸吉太郎は、「日活（にっかつ）」ロマンポルノ映画『女教師汚れた放課後』などの監督から、一般映画への進出初作品が『遠雷』である。

井筒和幸は、ピンク映画『行く行くマイトガイ　性春の悶々』で監督デビューした人物で、『ガキ帝国』はメジャー初作品であった。

こうして見ると、彼ら三監督も若松監督と同じく「ピンク映画出身・経験者」だということが分かろうというものだ。

筋金入りのピンク映画の巨匠、若松孝二監督は、彼らが一般映画に進出し、第一作がベストテンにランク付けされたことに刺激を受けたのかどうかは定かではないが、ともかく心境の変化があったのであろうか、翌一九八二(昭和五十七)年、若松孝二はピンク映画界を去って一般映画に身を転じた。その第一作『水のないプール』は「キネマ旬報」ベストテンの七位にランクインされ、一般映画でもその非凡さに磨きがかかった。以後、『われに撃つ用意あり』(六位)、『寝盗られた宗介』(八位)、『実録・連合赤軍あさま山荘への道程』(三位)、『キャタピラー』(六位)と、話題作・問題作を次々と発表した。

『実録・連合赤軍あさま山荘への道程』(二〇〇七年)で、第五十八回ベルリン国際映画祭において「最優秀アジア映画賞」、毎日映画コンクールで「監督賞」などを受賞。

寺島しのぶ主演の『キャタピラー』(二〇一〇年)では、寺島がベルリン国際映画祭の銀熊賞(最優秀女優賞)受賞するなど、若松映画の存在感を内外に示し、日本を代表する映画監督の地位を不動のものにした。政財界的に表現すれば、立志伝中の人物といっても過言ではなかろう。

若松作品は「反権力と性をテーマにした映画」と評され、その検証は若松の著書から履歴・足跡を鑑みて、若松映画・作品を論じた出版物は多々あるが、労作『ピンク映画史』(彩流社)の著書、二階堂卓也氏は、その著書の「第十二章　若松孝二のマイウェイ」で、「若松孝二の活動はおよそ四期に分けられる」としている。

第一期を昭和三十八年(一九六三)の第一作『甘い罠』から若松プロ設立の四十年(一九六五)まで。四十一年(この頃、足立正生、大和屋竺など既に参画)から四十九年(一九七四)を第二期、第三期を『十三人連続暴行魔』(五十三年)などを製作した五十七年(一九八二)まで。昭和五十七年、一般映画『水のないプール』が「キネマ旬報」ベストテン第七位に入ったことで、翌五十八年(一九八三)から第四期、と分類している。

三、四期の軌跡は『ピンク映画史』のほか、若松信奉者や著作家たちによって、『若松孝二　反権力者の肖像』(四方田犬彦・平沢剛編、作品社)などで若松研究がなされているが、一期あるいは二期以前、歴史的に表現すれば、「日本国」が成立する以前の神話時代、若松が映画界に足を踏み入れる過程から第一期の研究がなされていない。というより、それを誰も知らないのであろう。

そこら辺りのことは、若松の自著『若松孝二　俺は手を汚す』(河出書房新社)等で語られているが、抽象的で、それが却って「アングラ若松」を伝説的な監督として世間に捉えられているのではないか。

『ピンク映画水滸伝』(青心社)の鈴木義昭氏は次のように疑念を呈する。

若松孝二が入っていた組というのは、新宿の安田組だ。宮城県遠田郡涌谷町上涌谷(小牛田の庄)の農家の六男として産まれた伊藤孝は、農業高校を中退して上京、その後、新聞配達、洗濯屋、菓子屋の職人見習い、山谷でのドヤ街暮らしなどを経て新宿安田組へ。若松孝二こと伊藤孝が、それらの職から職へどのようにして移りながら働き生きていたのか、どんな奴と喧嘩して、どんな啖呵を切ったのか、いまは本人も語ろうとしない。だからそれを知るすべはないにしても、十七歳で上京し、二十三歳でパクられるまでの六年間を伊藤孝は、東京の最底辺を流浪し、生きた。

そして、拘置所の中で、自ら主張する手段としての映画を職業としようと決意し青年、伊藤孝は五年後のある日、映画監督若松孝二となるのである。

若松監督の映画人生を鑑みると「伝説」的な監督と捉えられている。若松監督の自伝、映画研究・評論書は多く出版されているが、取材者が消化不良でお茶を濁している。だが、大事なところは、若松監督が宮城の田舎から上京し、映画界入りするまでの「謎」とされている六、七年間の「東京の底辺でどのように流浪していたのか?」という点であろう。

この点は、若松自身は曖昧に応えるに終始してきた。人はどの分野、職業でも出世して世に出れば政治家、経済人を始め、芸能界では映画俳優や歌手、タレント、あるいは文壇やマスコミ人だって注目を浴びる存在になれば出自や経歴は探られる。そういった点では鈴木氏が指摘するように、謎の部分が消化不良だ。たぶん、若松孝二を取材したジャーナリストたちはみな、そこでいなされてしまい、抽象的な書き方をしているのではないかと思われる。若松讃美の取材者は、恐れ多くてそこまでは踏み込めない。その点、鈴木氏は鋭い。

松本清張の小説ならばここが原点で、原点をバネにして蠢く都会の隘路だらけの社会のなかで登りつめていく……。

しかし、若松孝二にはこの部分が欠落している。一流監督として名を成した若松孝二は、本来なら自身の口から筋道立てて明らかにしたほうがいい。それが若松らしくていいのではないかと思う。正直に語って「それがどうした？」と開き直ればいい。別に東京の最底辺で流浪していたわけじゃない。トンネルの先の、明るい明日を探りながら、懸命にもがき、生きていただけの話だ。他人様にとやかく言われる筋合いではないはずだ。若松孝二は悪人ではないのだから、むしろ善人であるはずだ。

しかし、その当人が口を噤んで先に逝ってしまっては、〈永遠に謎のまま〉で「若松孝二論」は語られてゆくのか。


人生に永遠はない。遅いか早いかの差はあっても、男の平均寿命は八十一歳らしいが、やはりそれくらい生きれば、「俺はまだやり残したことがあるし、もう少し生きたい……」と望んでも、みなこの世からグッドバイする。

戦前、昭和ひと桁生まれのメジャーの名監督も多くが旅立った。私が評価する大島渚、深作欣二、五社英雄、伊丹十三など。また年代は遡るが井上梅次、新藤兼人、鈴木清順など巨匠、名匠、鬼才なども他界した。

ピンク映画界の創生期のサムライたちも次々と旅立った。東宝の大プロデューサー、黒澤明作品を手掛け、その後ピンク映画監督となった本木荘二郎は一九七七（昭和五十二）年五月、六十二歳でこの世を去った。創生期の監督たち、小林悟、向井寛、木俣堯喬、沢賢介、小川欽也、西原儀一、梅沢薫、渡辺護、山下治らもすでに泉下の人。ピンピンして頑張っているのは山本晋也ぐらいか。関孝二（一〇六歳）、新藤孝衛（八十六歳）は健在のようだが……。

若松プロ関連では、大和屋竺、沖島勲、撮影の伊東英男、照明の磯貝一という若松プロ創生期のスタッフも自然に還って逝った。若松と同年代で健在なのは足立正生、松田政男（映画評論家）ぐらいだろうか。

世の中はすべて新陳代謝でまわっており、春や夏に生き生きと繁った草木は、秋風と共に葉を衰えさせ、冬（黄泉）を迎える。そして気がつくと新しい芽（葉）が生まれ育っている。

映画界にしてもいつの間にか、われわれ（私）が知らない監督がうじゃうじゃ誕生し、活躍しているようだ。

ここまで書くと、かくいうおまえは「何者だ！」と疑念を抱くはずだ。

そう、私は、いまはもうお迎えを待つ（いや待ちたくはないがこれは運命が決めたことだから仕方がない）、と妙に納得して生きている老人。老人といわれるほど老人とはこれっぽっちも思っていないが、それでも後期高齢者（六十五歳以上）には違いないので甘んじて老人という。古い資料にこのようなものが残っている。
「週刊読書人」（一九六八年三月二十五日号）のトップ面に、松田政男が「暴力と非暴力の理念――私の中のテロルの根」と題して記事を執筆している。

金嬉老の立て籠もる寸又峡へ

一九六八年二月二十一日深夜、私は暗い東海道を西へ走りながら考える。私は何処へ往こうとしているのか、何をしに往こうとしているのか？　目的の定かでない旅であるといっても行き先だけはある。寸又峡温泉郷、金嬉老がライフルと青酸カリと共に立て籠もっている場所へ。二台の車に分乗して西へ向かった。私たちとは、足立正生、大島渚、佐藤正晃、戸田重昌、弥山正之、吉岡康弘、若松孝二と私、八人の雑多な混成部隊である。

静岡まで四時間、静岡から凍りついた山峡の道を更に四時間、私たちは厳重な検問所を突破しつつ、二十二日午前九時、海抜八百《メートル》の谷合の小学校の校庭にそれぞれの思いを込めて降り立つ。

この八人のなかに、著者である私、弥山正之の名がある。「正」は政の誤字である。
私の正体を明らかにしないと、これから入っていく若松孝二の神話時代を語っても信憑性が失われるであろう。したがって、今頃になって若松孝二のことを書くとなると、必然的に私のことも書かざるを得ない。

この記事を見れば、私が若松プロとどういう関わりがあったのか少しは納得していただけるのではないか。


現在、平成三十年だが、昭和として数えれば「昭和九十三年」である。若松孝二物語の一期及び二期以前となると、五十五年～六十年以上の記憶は忘却の昔の話だ。その頃の若松を知っている人物はおおかた鬼籍に入っているだろうし、よしんば面識があり、健在する人がいたとしても、神話時代のことは誰一人として知る者はいない、と断言できる。

六十年前の若松孝二の神話時代を知る者はおらず、本来なら若松伝説は謎の部分が明らかにされないまま、伝説としてこれからも語られてゆくはずだ。

ところが、何を隠そう、謎の時代に若松孝二と寝食を共にし、「若兄ィ」「坊や」と呼び合い、義兄弟の契りを結んだのが私である。その後、ともに映画界入りを目指し、一時袂を分かつが、若松プロ設立創生期に、著者は製作主任として若松映画の製作に深く関わった。

先にも記したように、私と若松孝二は「若兄ィ」「坊や」と呼び合う関係だった。若松が新宿安田組傘下のチンピラだったかどうかはさておき、私たちの関係は暴力団やヤクザの上下関係の「兄ィ」「坊や」でもない。

それは、これから約六十年前にプレイバックした始まりでわかる。

「ふり向けば幾年」という歌を奈良崎正明が唄っている。

♪数えきれない　出逢いがいつか　俺に人生　教えてくれた
がむしゃらに　生きたから　傷も痛みも　男の証
ふり向きゃ幾年　過ぎたやら　逢いたい奴がいる　逢いたい女《ひと》がいる
♪夢を半ばで　この世を去った　友を思えば　心が騒ぐ
ギラギラと　燃えていた　熱い青春　忘れはしない
ふり向きゃ幾年　過ぎたやらあの日に帰りたい　あの日に帰れない
（作詞・礼恭司、作曲・寺沢一馬、編曲・只野通泰）

六十年の歳月は記憶がかなり曖昧な部分もあるが、六十年前のあの日、一九五六（昭和三十一）年、いや三十二年の春を迎える頃だったと記憶する。

下北沢（代田だったか）に「東京文化芸術学院」という芸能専門学校があった。住宅街に大きな屋敷のような木造二階建の学校との印象が残っている。

そこへ上京して初めて行った日、二十人ほどの若者が集まっていた。言葉と風采で全員が田舎者というのがすぐにわかった。なぜ集まっていたか、そのときは定かではなかったが、お互いの囁きのなかで全員が役者や俳優志望だということが伝わった。

いつの間にか各グループごとになっていた。私たちは広島の私に、高知県土佐清水市の村上生、愛媛県宇和島の清家円三と板谷某、それに私ら四人とはタイプの違う男が加わって五人が一つの輪になっていた。私を除くとみな三～五歳年上だ。なかでもハンチングを被ってタイプの違った東北弁丸出しの男が加わっていた。その男こそ、二十一歳の青年、若松孝二だった。

若松孝二は、「オレは宮城だ」と言って、上野を「ウイノ」とひどく訛って饒舌だった。そしていつの間にかグループの主導権を握っていた。

文化芸術学院の校長(名が思い出せない)が、「来るのなら来ると、前もって言ってくれなくては困る。今日は帰りなさい」みたいなことを言って解散することになったが、これからどうするのか、みなアテがない。旅館泊まりかなんかで決まったねぐらもないようだった。

「どうやみんな、金は無いし、オレたち田舎者だから一緒に生活しようや」と若松孝二が提案した。誰も異論はなく、というより引っ張られたのだった。

こうして五人の共同生活が小田急沿線の祖師ヶ谷大蔵の三畳一間で始まった。

若松と村上が性格と生き方の違いから五人の共同生活は数カ月で終わる。私と村上・清家は西の中国と四国、瀬戸内海を挟んだ対岸同士という親しみやすい環境で、村上と共にする思いも「君はオレと一緒に来るんだろう?」と決めたように接する若松に対して嫌だとは言えなかった。

そんなこんなで結局、若松と私、それに清家円三の三人で新たに共同生活を開始する。この三人の生活もすぐに清家が同郷の板谷と共同生活するということで破綻した。

私は若松と一緒。五人は三組に分かれたのだった。

傑作なことがあった。五人で共同生活を始めた日、若松が『三国志』の話を持ち出した。「三国志は知っていると思うけど、〈桃園の誓い〉というのがあるが、われわれは三人ではなく五人だが、五人でかたまって天下をとれなくとも、誰か一人、スターになろうや」という言葉で、五人は腕を絡ませて雄叫びをあげた。

のちに私と若松二人で寝食を共にすることになった。このとき、年上の若松を「若兄ィ」と呼び、若松は私を「坊や」と呼び、義兄弟の契りを交わしたのだった。

私たち二人は、何をさておいても食わなくちゃいけないということで拠点を探した。玉川線の上町駅を出たすぐのところに三畳ほどのプレハブが建っていた。人は誰もいない。机ひとつの上に電話機だけあった。小さな不動産屋の看板を掲げていた。なかを覗いていると不動産の親父さんらしき人が外出から戻って来て、若松と何やら話をしている。

若松がどう話をつけたのか知らないが、親父さん曰く「あんたらが何かやるんだったら自由に使っていいよ」ということらしく、東京とはいえ、まだおおらかな時代だったと思う。

そのプレハブ小屋に小さな手づくりの看板を掲げた。看板には「劇団泉」と。

これが私の知っている若松孝二、若兄ィの知られざる原点である。

島倉千代子の歌に、一三〇万枚を売り上げた大ヒット曲「人生いろいろ」(作曲・中山大三郎、作曲・浜口庫之助）があるが、まさに「いろいろ」で、あることに端を発して若兄ィと袂を分かつことを余儀なくされる。

その後、さらに二人の歩みにはいろいろあって、時は過ぎて――。

私も俳優への道を諦め、映画を作る側のスタッフとして、香港のショウ・ブラザーズ作品（井上梅次監督）、フジテレビ作品『無法松の一生』（土居通芳監督、製作・東北新社）などの雑役の製作係として関わっていた。

ある日、若松プロが設立（一九六五［昭和四十］年）されて間もない頃、若兄ィ、若松孝二から突然連絡があった。五年振りくらいだったと思う。

若兄ィ曰く、

「坊や、弥山よ、うちに製作を任せられる人間がおらん。手伝ってくれないか？」

との誘いであった。まさに若松プロの創生期で、大和屋竺、足立正生、沖島勲、そして小水の「ガイラ」たちと共に活動した創生時代のことだ。

若松プロ一筋の照明技師・磯貝一は、一九八四（昭和五十九）年に死去しているが、彼の来歴がウィキペディアに出ている。

一九六八（昭和四十三）年七月十三日に結成された鈴木清順問題共闘会議には、若松プロダクションは「無心で参加する」と表明、若松孝二、大和屋竺、足立正生、沖島勲といった同社の作家陣に加え、撮影技師の伊東英男、助監督の秋山未知汚（現在の秋山道男）、製作主任の弥山政之とともに、磯貝も署名し、運動に参加した。同会議の呼びかけ人であった松田政男は「若松プロは第三段階に突入した」と評した（原文ママ）

ここにも私、弥山政之の名が出ている。

しかしその後、人生いろいろあって、若松プロを離れて、石原プロ製作（日活配給）の『愛の化石』（岡本愛彦監督、浅丘ルリ子、田宮二郎、高橋悦史主演）に参画した。

さらにその後、フジテレビ「奥さまライオン劇場」のテレビドラマを製作するＮＭＣ（大橋政次社長）に参画し、クレジットに「製作・弥山政之」として、『男の償い』『大奥の女たち』『慟哭の花』など多くの作品を手掛けた。

一方で、契約プロデューサーから実質的なゼネラルプロデューサーに意欲を燃やし、『週刊女性』に一年にわたって連載された臣新蔵の長編時代劇画『愛朽つるとも』の映画化原作権を臣先生からいただいて、日活とのあいだで一大闘争を展開し、「監督休業状態」にあった鈴木清順監督を引っ張り出して、映画化を目論んだ。

そのことは「キネマ旬報」（一九七二年十一月下旬号）の「邦画新作情報」のなかで次のように報道されている。

鈴木清順監督の「愛杤つるとも」

鈴木清順監督が六年ぶりに映画を撮る。日活と契約問題に端を発し、ついには表現の自由の問題に発展する一大闘争を展開した鈴木清順監督だが、『殺しの烙印』(日活)以来、久々に、あの独特の作風にお目にかかれるわけだ。

女性週刊誌に一年にわたって連載された臣新蔵の長編劇画『愛杤つるとも』の映画化がそれ。企画は弥山政之、脚本は鈴木岬一が担当し、製作準備は着々と進み、十二月上旬には撮入の予定だという。

鈴木監督は「六年間、遊んでいたんではないんです。例えば心理映画とでもいえる〝ウェディング・サークル〟。魯迅原作の〝眉間尺〟の日本版的なスペクタルもの〝鋳剣〟。でも、みんな制作費がぼう大なもので実現にいたらなかった」

こんどの映画もテレビで出発したが、ブラウン管では収まりきらないということで流れたもの。

「捨てるには惜しい企画なので、映画でやろうじゃないかということになった」

物語は山形県の出羽三山の一つ、湯殿山でミイラ化した鉄門海上人の伝説をもとにしたもの。

「〝死〟というものに対する日本人の精神というもの、社会を拒否する庶民の姿勢にスポットを当ててみたい。今の観客はロマンを欲していると思うんです。ミイラになるということは偉大なロマンですからね。映画は見せ物。おもしろい見せ物にしたい」と鈴木監督はいっている。

（原文ママ）

また、業界通信紙「合同通信」昭和四十七年九月二十九日、第一一六五一号にも次のような記事が出ている。

生きながらミイラになった話　鈴木清順監督、映画化を準備

週刊誌の劇画ブームはいぜんとして続いているが、最近では映画のシナリオライターがストーリーを提示、それを劇画作家がコンビで書くという方法が採用されてから劇画の映画化が興行的にも水準以上の成績をあげ、この傾向は相当長期化することも予想されているが、このほど主婦と生活社で発行する「週刊女性」で一年有半にわたって連載されていた臣新蔵原作「愛朽つるとも」が製作弥山政之、脚本鈴木岬一、監督鈴木清順で映画化の準備がすゝめられている。

この映画は山形県の出羽三山に現存する即身仏（ミイラ）鉄門海上人の伝説をもとにした怪奇、奇行の人物を清順流のタッチで描くもので、シナリオの弟一稿は近く完成、出演者などは目下のところオール新人による製作であるが、週刊女性誌で一般から全国募集するという計画も立てられている。

なお、まだ準備段階ではあるが、清順監督を中心とするグループでは中国の魯迅原作「鋳剣」や法隆寺のミステリーを描く金髪の聖徳太子が出てくるオリジナル物「夢殿」など、手持ち企画数本を持っているという活動ぶりである。（原文ママ）

「日刊スポーツ」（一九七二［昭和四十七］年九月二十九日）の芸能欄にも「鈴木清順監督が六年ぶりにメガホン」『愛杍つるとも』との記事が掲載されている。その他の業界紙やスポーツ紙にも出ていると思うが確認していない。

このようにさまざまな媒体に記事が出たのだが、この映画は日の目を見なかった。

私の力不足によって、結果ポシャることになり、鈴木清順監督らに恥をかかせたりしたし、全責任を負っている私は、夜逃げで、東京から、業界から姿を消すよりほか手がなくなった。

一九五七（昭和三十二）年、若松孝二を知った私は、若兄ィと境遇がよく似ており、若兄ィと同様、突然高校を中退し、親の金をかっぱらって「俳優」を夢見て東京に出た。若兄ィはちょい先で上野が終着駅だが、私は東京駅が終着駅だった。

あれから六十年、夢破れ、都落ちして四十三年。歳月は若松孝二を七十六歳で逝かせた。若兄ィが旅立ってすでに五年。私も若兄ィが他界した歳の七十六歳になった。

若兄ィ、若松孝二との青春時代、今日、明日の生きる出口を求め、喘いだ懐かしき日々が脳裏に蘇った。

若兄ィが『キャタピラー』で世界の映画界からスポットライトを浴びた二〇一〇(平成二十二)年に上京し、若兄ィと再会して、私しか書けない「若松本」を書こうと思っていた。

しかし、東京オリンピックの年(一九六四年)に一緒になった連れ合いに先立たれ、精神的に参っていた。それで上京をひとまず諦め、そのうちと月日が流れるまま、気がつけば若兄ィが他界してから五年。この機会に書かなければもう書くチャンスは二度とない。書くことが運命《さだめ》なら運命《さだめ》のまま、「神話」の時代の想い出話を書こうと決心したのであった。

「なんだ坊や、おまえ何やってんだ。なに、オレのことを書く? おまえ文章が書けるのか? 俺のこと書いて金になるのなら、それでええ。能書き言っても金をつくらないと映画は作れんぞ」と、あの世で呆れながら許してくれるはずだ。


書くにあたって取材や裏付けをとったりという検証はまったくしていない。そこまでして書くほどのものではない。「若松本」は自著のほか、立派なものが多く出版されている。それらと対抗する批評力、筆力もない。

本書はあくまで、誰も知らない「若松孝二」「若兄ィ」との想い出話程度の他愛ない内容なので、「フン、フン」と読んでもらいたい。それでも、若松信奉者にとって、少しは興味を惹き、今後の若松研究の参考ぐらいにはなるかもしれない。

「若兄ィ、あの時代の仲間で、映画界に残って成功したのは若兄ィただ一人、頑張ったよね」
と、絶讃したかったというのが執筆動機のひとつでもある。

想い出とは「記憶」であるが、必ずしもその記憶が正確であるかどうか甚だ覚束ない。五十年、六十年と経って、映画界の落第生という「恥」を曝してまで、このような本を書くことになろうとは思ってもみなかったので、年月など正確かどうか怪しいと思うし、系統立てが難しく、話が前後したり、記憶違いも多々あると思う。まず最初に、それを断っておきたい。

本書が、若松孝二の「謎」とされてきた神話時代と、映画づくりの「誰も知らない」エピソードを明らかにし、真実の人間「若松孝二」を伝え、今後の若松研究の参考になれば幸いである。

第一章　昭和三十二年のはじまり

俳優に憧れた田舎青年

約六十年前の「昭和」の東京が走馬灯のように蘇ってくる。六十年昔は六十歳若かった。みなはち切れんばかりの若さだった。一九五六(昭和三十一)年、三浦洸一が、

♪夜霧の日比谷ゆく人も　墨田の流れ見る人も　恋に身を灼く　シルエット
君は新宿　僕は浅草　しのび泣く　恋に泣く　東京の人
(「東京の人」の二番。作詞・佐伯孝夫、作曲・吉田正)

と歌い、田舎者にとって、東京は憧れの都会だった。時代によってその景色は違えど、「花のお江戸」「華の東京」は憧れの都であることに変わりはない。

その頃の東京、銀座にこそビルはあったものの、新宿も渋谷も池袋も現在のようなビル群などあるはずもない。

新宿駅西口は、鄙びた田舎町の小さな駅、あるいは「無人駅」と同じような小さな木製の改札口だった。改札口を出るとすぐ真ん前に、とても小さなパン&牛乳屋があり、その店を挟んで人びとは露地に等しい二股《ふたまた》道の東西に流れていく。右へ行けば、駅前通りに出る手前右に甘納豆屋があり、その横の狭い通りの「しょんべん横丁」、今の「思い出横丁」だが、かつての「しょんべん横丁」は小田急百貨店新宿店(甘納豆屋のところ)まで延びており、てんぷら(天丼)屋、焼鳥屋、定食屋などの飲食店が細い通りの両側に所狭しと並び、戦後の闇市マーケットを彷彿させるほどだった。

安価なかき揚げ天丼を頬張り、西口のガードをくぐって西武新宿駅のある歌舞伎町に行く。西口、木の改札口から左へ折れれば小田急、京王線で、初台へは南口の甲州街道をまたぐ角筈大踏切になっていた。

新宿駅西口前にはビルなどひとつもなく、ただ広大な淀橋浄水場があり、周辺はさらに広大な野っ原のようだった。西口からの遠望には野っ原の先から明かりがパラパラと光っていた。人びとはその明かりを「きつねの眼が光っている」と言った。まだ、きつねがいても不思議ではないという光景が広がっていた。あとで知ったことだが、きつねの眼は十二社(現在の中央公園辺り)の電灯だったようだ。

山手線もまだ省線と呼ばれていた一九五七(昭和三十二)年、有楽町に「そごうデパート」が開店した。デパートのキャンペーンソングの「有楽町で逢いましょう」は大ヒット。街にはフランク永井の歌声が流れていた。

♪あなたを待てば　雨が降る　濡れて来ぬかと　気にかかる
ああ　ビルのほとりのティールーム
雨も愛しや　唄ってる　甘いブルース
あなたと私の合言葉　有楽町で逢いましょう
（作詞・佐伯孝夫、作曲・吉田正）

若者たちのダスターコートがオシャレだった。何もかもまばゆかった。「東京」の二文字だけで心がときめき踊っていた。

その頃、若松孝二は将来、菓子職人になろうと、お菓子屋などに住み込んでいたということを本人から直接聞いている。若松は自著でも年月は明記していないが、お菓子屋で職人見習いをしていたことがあると語っている。

若松は一九五二（昭和二十七）年、高校二年で中退し、母親の二千円を盗んで家出して東京に出た。このくだりは『俺は手を汚す』『時効なし』のなかで記されているが、発言には微妙なズレがある。しかし、多少の齟齬《そご》は仕方がないだろう。

若松と同じように、私も高校三年になったばかりの春、母親の千円と指輪を盗んで東京に出た。

東京へ出た動機は単純明快だ。私は小学校六年の頃から映画スターに憧れて、東京・下北沢にあった「文化芸術学院」の通信教育を受けていた。恥ずかしながらスターに憧れて、将来は映画俳優になりたいと思っていた。親は東京の大学に行くことを望んでいた。何も中退しなくとも高校(西城秀樹は同窓生)だけは卒業して上京しても良かったのかもしれないが、その頃、頭のなかは「東京」でいっぱいで、心がはやって一日も早く上京して文化芸術学院に行ってみたかった。島倉千代子の「東京だよおっ母さん」(作詞・野村俊夫、作曲・船村徹)は一五〇万枚の大ヒット曲だが、「東京だよ、オイ、おまえ」という声が聞こえ、まさに東京が呼んでいるようだった。

「東京行き」には若松孝二のように仲間はいなかった。たった一人で広島をあとにした。無鉄砲な行動は若気の至りであろうか。

若松孝二に遅れること四年。一九五六(昭和三十一)年の秋頃だろうか。広島始発の「急行」の蒸気列車に乗ったが、私には行くあてがあった。文化芸術学院、そこへ行けばなんとかなるだろうという漠然とした気持ち以外に、深い考えはなかった。下宿は高田馬場だった。

一九五七(昭和三十二)年の正月、新宿日活で石原裕次郎の『嵐を呼ぶ男』を観た。いや『月蝕』だったたか。映画館は超大入満員でドアの外まで観客が溢れていた。当日、東京は雪だった。道に雪が積り、靴が雪に食い込むほどだった。「東京にも雪が降るのか?」と驚いた記憶がある。何を考えていたのか、能天気にも東京見物気分だった。

節気は雨水から啓蟄。雪も雨に変わり、草木も芽生えはじめているのに、いつまでも冬ごもりしているわけにはいかない。三月の初め頃だっただろうか、眠りから覚めたように、行かねばならない文化芸術学院を訪れた。

学院はかなり大きな木造の二階建で、門をくぐったところに二十畳ほどの土間があって、長椅子が並んでいた。奥には教室もしくは稽古場があるようで、土間の壁には生徒の名札が掛けてあり、スクリーンか何かで見覚えのある朝丘雪路の名札があった、と記憶している。

私が東京行きを早めたのには伏線があった。文化芸術学院の経営者(名前を失念)が、全国の通信教育を受けている生徒に面談指導するため、地域ごとに行脚していた。中国地方は広島会場として、市内幟町にあった超一流旅館の大広間に、県内から三十人ほどの生徒が集まった。先生は個人面談し、役者、歌手志望を聞いて、芝居をさせたり、歌わせたりして指導。先生は私に対し、「機会があれば一度東京にいらっしゃい」と言った。

その一言が、いつまでも脳裡から離れず、日を追うごとに「東京行き」の衝動に駆られたのであった。

若松孝二との出会い

学院の土間には二十人ほどの生徒がいたと思う。会話からどうやら全員が当日初めて学院を訪れた田舎者に違いなかった。

かの先生が驚いて「なんの連絡もなく、突然来られても対応のしようがない。今日は帰りなさい」というようなことを言われた。

しかし、なぜこの日、田舎者たちが集まっていたのかさっぱりわからない。偶然だったようだ。誰もすぐには帰らない。自然と一人ひとりが自己紹介し合った。全国津々浦々の役者や歌手志望の田舎青年の朴訥とした姿があった。その二十人のなかに意表を放ったとでもいうのか、ハンチングを被った青年がいた。ひどい東北訛で人懐っこく話しかけてくる青年、それが若松孝二だった。

若松は「俺は役者志望だ」と言った。この言葉はいまでもはっきりと覚えている。

若松と文化芸術学院との関係は不明だ。確かなことは、私たちのように通信教育を受けていた関係ではないということだ。そのときは知らなかったが、若松はそれまで菓子職人の見習いをしていた。だから、東京へ出たのは役者を目指すためではなかったことがわかる。

それがなぜ文化芸術学院なのか。いつから役者志望に変わったのか。

役者になろうとして学院を知って、訪ねた日が私たちと同じ日で、初対面となったものと推測できる。ピンク映画の巨匠、一般映画の鬼才と地歩を築いた若松の初心は俳優を目指していたのだ。

その日、偶然集まった生徒たちは、二時間くらい話をしているうちに、自然と三つのグループが形成された。そして饒舌な若松のグループには五人が集まった。

五人とも生まれ故郷は違っても、中学、高校の頃はみな映画少年だった。もっとも、われわれだけが映画少年だったわけではない。映画が娯楽の王様であった時代だから、みな映画館に足を運んだ。そして銀幕のスターに憧れたのだ。われわれのような憧れの強い者が、無鉄砲ともいえる行動に出ただけの話であろう。

美空ひばりファンで、嵐寛寿郎の『鞍馬天狗』の角兵衛獅子・杉作少年、「天狗のおじちゃん、これからどうなるんだろうね」「良いか、杉作、日本の夜明けは近いぞ」というシーンに胸を躍らせた。

鶴田浩二・岸恵子の『君の名は』を観て、恋愛を意識するようになった。

東映時代劇が全盛を迎えようとする一九五四(昭和二十九)年、中村錦之助(萬屋錦之介)、東千代之介の『新諸国物語　笛吹童子』を観て、錦之助のファンになった。この年に『七人の侍』も封切られ時代劇ブームが一気に訪れた。まだ石原裕次郎は出現しておらず、東映のスターたちの人気が高かった。片岡千恵蔵、市川右太衛門、大友柳太朗、大河内傳次郎、嵐寛寿郎、そして錦之助、千代之介、大川橋蔵が加わる。おっと近衛十四郎、月形龍之介もおられる。現在の大御所、里見浩太朗はまだ出現していない。

女優では千原しのぶ、高千穂ひづるだ。時代劇『お姫さま三人娘』も銀幕に現れていない。花園ひろみや大女優、佐久間良子しかり。彼女たちが銀幕に登場するのは一九五七(昭和三十二)年頃だ。それ以前の、時代劇アイドルは千原しのぶと高千穂ひづるだった。東映に限らず、戦後のスターが登場するのは昭和三十二年頃なのである。

余談だが、東映時代劇王国には二人の「御大」がいた。『多羅尾伴内』の片岡千恵蔵と『旗本退屈男』の市川右太衛門である。

御大ということは映画情報誌などで知ってはいたが、なぜそう呼ばれるのか、抜きん出た俳優ぐらいに思っていた程度だった。広島の暴力団抗争を描いた映画『仁義なき戦い』のプロデューサー、日下部五朗は、『シネマの極道』（新潮社）のなかで次のように語っている。

御大二人には名前を呼ぶには恐れ多く、片岡千恵蔵を「山の御大」。京都・垂水山のてっぺんに大邸宅があったことからそう呼んだ。市川右太衛門は京都・北大路に邸宅があったことから「北大路の御大」。更に東映には天皇もいた。監督の松田定次。松田はマキノ一族で子供の頃から京都撮影所に出入りし、子供の頃から両御大とも知り合いだ。他の監督が「御大（もしくは先生）、アップ頂戴します」とか言っているのに、松田は市川右太衛門が市川右一時代から知っているから「ウイちゃん、いくで」なんて。

これだから、映画にまつわる話は面白い。このような面白いエピソードを披露してくれた日下部氏に感謝したい。

一九五六（昭和三十一）年、日活に石原裕次郎が現れた。兄・慎太郎が『太陽の季節』で第三十四回芥川賞受賞。「太陽族」「慎太郎刈り」が流行し、映画『太陽の季節』が製作され、主演長門裕之の友人役で石原裕次郎がデビューした。裕次郎を発掘したのは日活のプロデューサー水の江瀧子で、神田・如水会館での慎太郎の芥川賞受賞記念パーティーの席上で、慎太郎から裕次郎を紹介された。水の江プロデューサーは直感的に「背は高いし、これはイケる」と、スター裕次郎の姿が浮かんで、主役の友人役でデビューさせた。「これはイケる」の勘が当たり、水の江はすぐに『狂った果実』で本格的に主演デビューをさせた。相手役は北原三枝(現・石原まき子)であった。

ちなみに「背が高かった」石原裕次郎の身長は一八二センチ。デビュー当時、誰もが裕次郎の足の長さに驚いたが、股下は八五センチだったという。この年、五本の映画に出演し、翌一九五七(昭和三十二)年の『嵐を呼ぶ男』(井上梅次監督)が大ヒットし、タフガイ裕次郎は日本一の大スターに躍り出た。この年には『勝利者』『俺は待ってるぜ』など九本も主演。主題歌『俺は待ってるぜ』が一六〇万枚の大ヒット曲となった。戦後最大のスターの地歩を不動にした。

広島市の宇品港近くで育ち、『俺は待ってるぜ』の舞台と同じ港町は波止場の光景と潮の匂いが同居していた。

当時の宇品港は、四国や瀬戸の島々航路の起点であり、瀬戸内海最大の港で、朝早くから夜まで島の往来の人びとで大変賑わっていた。朝六時には船から田端義夫や岡晴夫などのマドロス演歌が流れ、ドラの音が鳴り響いた。

車社会にはほど遠く、瀬戸内海を挟む中国と四国を結ぶ架橋(本四架橋＝瀬戸大橋、明石海峡大橋、瀬戸内しまなみ海道)ができるなど「夢」の時代。しかし人類にとって、いつの時代でも利便性と発展は不可欠だ。

「四国が本土(中国地方)と橋で結ばれたら、そりゃ便利になるぜ」と、思う人もいたはずだ。とてつもない夢物語であったとしても。ところが、「橋を架けよう」という人物が現れた。本四架橋、香川県高松市から岡山県児島の「瀬戸大橋」架橋(海の部分だけで全長約十キロ)を提唱したのは、明治期の香川県議だった大久保諶之丞《じんのじょう》である。私財を投じて道路(四国新道)、橋梁、香川用水、病院建設資金寄贈、奨学資金の寄付など、地域振興に貢献した立志伝中の人物。

諶之丞は一八九〇(明治二十二)年、三十九歳のとき、讃岐鉄道開会式の祝辞で、「塩飽諸島を橋台として架橋連絡せしめば、常に風波の憂なく、南東北向東奔西走瞬時を費さず、それ国利民福これより大なるはなし」と、瀬戸大橋構想を披露した。

当時にすれば途方もない夢物語に過ぎない。よってその後「ホラ吹き諶之丞」と言われた。しかし大ホラは、百年後の一九八八(昭和六十三)年、瀬戸大橋が完成した。

瀬戸内には七二七の島(外周〇・一キロ以上)が存在する。〇・一キロ下の島を含めば三千を超えると言われている。瀬戸大橋が完成するまでは島々の交通は船のみ。島の生活のシーンを小柳ルミ子が「瀬戸の花嫁」で歌っている。

♪瀬戸は日暮れて　夕波小波　あなたの島へ　お嫁にゆくの
若いと誰もが　心配するけれど　愛があるから　大丈夫なの
だんだん畑と　さよならするのよ　幼い弟　行くなと泣いた
男だったら　泣いたりせずに　父さん母さん　大事にしてね
（作詞・山上路夫、作曲・平尾昌晃、編曲・森岡賢一郎）

曲の舞台は、「オラが島」と香川県と岡山県がご当地ソングと主張しているが、作詞の山上路夫は、仕事で四国へ行く途中、「尾道＝文学と映画の街から、四国へ向かう水中翼船から見た島々の段々畑や、美しい夕焼けの景色を思い浮かべて作詞した」と話していることから、東瀬戸（香川県・岡山県＝両県で一九九島）ではなく、西瀬戸（愛媛・広島・山口＝四〇一島）の『平山郁夫美術館』や『耕三寺』のある「生口島」や、村上水軍の本拠地「大三島」などが浮かぶ大小の島々がモデルのようであるから、広島県あるいは愛媛県のご当地ソングといっても過言ではないと思う。

しかし、瀬戸の島々は、海のなかにあるから島なのであって、橋が架かると陸地と繋がるので「島ではない」と言われる。島の人びとの交通の足は、橋によって船から車になっている。

横道へ深入りしたが、今の時代、政治家も政務活動費とやらをちょろまかして私腹を肥やすという、情けない政治家がマスコミの俎上に上がるが、スケールの小さな政治屋ばかり。「金」と「嘘つき」で尊敬されない職業の代名詞との定説になっているが、それでも厚顔無恥でのさばっている。経済人もデータ改竄、偽装やゴマカシの上での金儲け優先で、日頃の偉そうな肩書発言で、自分を勘違いさせているのに気づかない輩が多い。

明治維新から百五十年。龍馬のような生き方、気宇壮大な人物いでよ、である。

話は戻って、宇品港は負の港でもあった。戦前の広島は軍都であり、日清戦争のときには広島城に大本営が置かれ、明治天皇は戦争指揮のため東京から広島に移り、臨時帝国第七議会を召集した。広島が臨時首都となったのであった。歴史的には日本の首都は京都、東京、そして広島だけであった(万葉の時代は除く)。

広島市に原爆が投下されたのは、歴史的に「軍都」であったことが起因する。軍都の最前線基地、「戦艦大和」に象徴される呉海軍があり、宇品港は朝鮮、中国、ソ連との戦場に赴く日本兵士出兵の港でもあった。出港は「バンザイ」三唱で見送られたが、逆に日本敗戦では帰港に変わり、大陸戦場で手足を失った兵士など心身ともに疲弊し、無気力、無感情の姿で帰り着く宇品港と化していた。宇品町・宇品港は「加害基地」だったことなど知る由もなかった。

加害基地でもあった「宇品港」は歌にもなっている。広島が臨時首都となった一八九五(明治二十七)年に作られた文部省唱歌「港」は、往時の宇品港の賑わい、活気を歌ったものとされている。

一、空も港も　夜は晴れて　月に数ます　船のかげ
端艇の通い　にぎやかに　寄せくる波も　黄金なり
二、林なしたる　帆柱に　花と見まごう　船旗章
積荷の歌の　にぎわいて　港はいつも　春なれや

（作詞・旗野十一郎、作曲・吉田信太）

ただし、この「港」は宇品港がモデルではなく、横浜という説もあった。横浜港説の根拠は作曲の吉田信太が本牧に住み、県内の教壇に立つなど横浜に縁が深い、ということからのようだ。

歌が作られて以来、「港」のモデルは広島か横浜かと双方が主張しつづけて約八十年。一九七三（昭和四十八）年、全日本海員組合の宮城伸三が中国支部長として広島に赴任してきたときに「港」の調査を行った結果、これは宇品港の風景を歌ったものであり、補作詞は林柳波であることを明らかにして、「港」の舞台に決着がついた。

一九七五（昭和五十）年、宇品中央公園（陸軍船舶司令部跡）に、汽船の煙突をかたどったコンクリート製の歌碑が建立された。小学生の頃から地元の歌として唄った記憶は残っているが、歌碑が建てられたことなど知る由もなかった。

しかし、宇品港の歴史がどうであろうと、昔は波止場と言ったが、波止場は少年時代の思い出のふるさとである。

子供時代の波止場と、大人の港のイメージは違うだろうが、石原裕次郎の「俺は待ってるぜ」は、大人の波止場情景の曲で、少年時代の思い出がオーバーラップしてカラオケでよく歌うのである。

♪霧が流れて　むせぶような波止場　思い出させてヨー　また泣ける
海を渡って　それきり逢えぬ　昔馴染の　こころと心
帰りくる日を　ただそれだけを　俺は待ってるぜ

（作詞・石崎正美、作曲・上原賢六）

石原裕次郎は翌一九五八（昭和三十三）年も『錆びたナイフ』『風速四十米』など、前年に引き続き九本も主演。さらに一九五九（昭和三十四）年には『若い川の流れ』『世界を賭ける恋』など、なんと年間十本主演と「裕次郎フィーバー」は最高潮にあった。

一九五七（昭和三十二）年の映画界は、日本で初めてワイドスクリーンの「シネマスコープ」が東映に登場。シネマスコープは一九五三（昭和二十八）年、ハリウッド製作の映画で公開された『聖衣』（製作フランク・ロス、監督ヘンリー・コスター、主演リチャード・バートン、ヴィクター・マチュア、ジーン・シモンズ）によって、スクリーン大型時代に入っていた。日本の映画会社六社もそれを追随。一作目争いにしのぎを削った。

東映の記念すべきワイド映画第一作は松田定次監督、大友柳太朗主演の『鳳城の花嫁』が四月二日に封切られ大ヒット、新東宝がそれに遅れる四月二十九日に、嵐寛寿郎が明治天皇に扮したシネマスコープ『明治天皇と日露大戦争』(渡辺邦男監督)が空前絶後の大ヒットを飛ばした。松竹は木下恵介監督、佐田啓二・高峰秀子主演の灯台守夫婦をテーマにした『喜びも悲しみも幾歳月』が、興行収入ベスト2の大ヒット。主題歌「喜びも悲しみも幾歳月」は、

♪俺ら岬の　灯台守は　妻と二人で　沖ゆく船の
無事を祈って　灯をかざす　灯をかざす
(作詞作曲・木下忠司)

と、広島県三原市出身の若山彰が歌って映画と共にヒットし、一躍人気歌手の座を得て、当時の「紅白歌合戦」に出場した。

社会世相では、この年に「集団就職列車」が走った。「東京オリンピック」を控え、都市改造の真っ只中、日本そのものも高度経済成長にあった。戦後、二度目の東京オリンピックを二年後に控えた現在の経済状況と似ていた。そのため、労働力を地方から求め、世田谷区の桜新町商店街が合同で地方に求人斡旋を依頼したことから集団就職「列車」となった。

九州や中国・四国方面からの就職列車は東京駅。北海道や東北からの就職列車は上野駅。とはいえ、イメージ的に就職列車といえば西の私にとって、失礼な表現ではあるが、東京より上(地図上)の、東北地方などは、何となく暗くて貧困でズーズー弁の東北というイメージだった。東京駅は西には都であった京都・大阪という大都会があり、就職列車というイメージは薄い。

上野駅には集団就職列車の碑が建っている。その碑には「ああ上野駅」の歌詞が彫り刻んである。

♪どこかに故郷の　香りをのせて　入る列車の　なつかしさ
上野は俺らの　心の駅だ　くじけちゃならない　人生が
あの日ここから　始まった
♪就職列車に　ゆられて着いた　遠いあの夜を　思い出す
上野は俺らの　心の駅だ　配達帰りの　自転車を
とめて聞いてる　国なまり

（作詞・関口義明、作曲・荒井英一、編曲・佐藤寛）

歌手は井沢八郎。井沢は青森県弘前市出身。中学校を卒業し歌手を目指して単身上京。就職列車に似た境遇が歌にマッチした。この歌のヒットによって、井沢は一躍スターダムにのし上がった。この年だけで八万人近い中卒の就職者が上京したと発表されている。

余談だが、一九五四（昭和二十九）年に封切られた松竹の『君の名は』に出てくる数寄屋橋は、銀座を流れていた掘割に架かっていた橋で、それを埋め立て首都高速道路を作るため、一九五八（昭和三十三）年三月に撤去されたが、私は東京に出てすぐ数寄屋橋を見に行った。川の埋め立て工事が進んでおり、ほとんど水もなく、朽ち果てる前のただの橋というイメージだった。それでも、田舎者が数寄屋橋の現物を見ることができたのは幸運だった。三代続く江戸っ子でも案外、数寄屋橋を見た人は少なかったのではないか。数寄屋橋の架かっていたところは「有楽町ゼロ番地」だそうな。「有楽町ゼロ番地」(作詞・佐伯孝夫、作曲・吉田正、編曲・佐野雅美)というフランク永井の歌があったが、数寄屋橋があったところというのは本書を書くまで知らなかった。

そのような時代の一九五七(昭和三十二)年は、戦後の映画のスタートと思えてくる。その年に私たちは若松孝二と出会ったのだった。

映画絶好調の真っ只中にあったが、「花の命は短し」というが、世の中のすべてに栄枯盛衰があるように、映画界の全盛期は一九五八(昭和三十三)年で、観客動員数十一億二七四五万人と戦後最高を記録。国民(寝たきりの老人から乳幼児を含め)は一年間に一人当たり十二回あまり映画を見ていたが、実質映画を見る大人は年間三十本くらい見た計算になる。

しかし、これをピークに映画ファンの数は減り続け、七年後の一九六五(昭和四十)年には全国の映画館は七四五七館から四六四九館になり、全盛期の六二パーセントまで減った。この傾向は続いていく。その原因はテレビ。全国で民間テレビ局が開局され、一九五八(昭和三十三)年のテレビ受像機の普及率は八・七パーセントに過ぎなかったのが、翌一九五九(昭和三十四)年、皇太子のご成婚、いわゆる「ミッチー・ブーム」によって一九・三パーセントに倍増し、家庭でのテレビの前に、映画の観客離れを起こしたのだった。

このミッチー・ブームによってテレビの普及は急速に進み、一九五九(昭和三十四)年、二三・六パーセント、三十五年、四四・七パーセント、三十六年、六二・五パーセントと、全世帯の半分以上に普及。そして東京オリンピックが開催された一九六四(昭和三十九)年には八七・八パーセントで、一家に一台が目前になっていた。お金を出して映画館に足を運ばなくとも、人びとは自宅のテレビにかじりついて、多様な「無料」の番組を楽しんだのだった。

そうであるにもかかわらず私たちは、映画がこう早く廃れるとは思いもよらずに、銀幕での活躍を喜々として夢見ていたのだった。

祖師ヶ谷大蔵での共同生活

文化芸術学院での五人グループの話に戻る。

五人の一人、村上生とは「生兄ィ」という関係になっていった。村上はのちにフジテレビの子会社「共同テレビ」の製作担当やプロデューサーになったと思う。

清家円三は馬面で、時代劇役者を目指し殺陣師(名前は失念)の弟子になり、月形龍之介に師事することになっていたと聞いた。

板谷某(名前を失念)は「哀愁の街に霧が降る」(作詞・佐伯孝夫、作曲・吉田正)の歌手、山田真二のような二枚目で、のち東俳(東京俳優学院?)に入学した。

そして若松孝二と私。この五人が共同生活をすることになった。

数日後、小田急線の祖師ヶ谷大蔵駅と成城学園前駅の中間に、木造アパートの三畳間を借りた。

アパートは誰が借りたのかまったく記憶にないが、たぶん若松ではなかったかと思う。

三畳に五人が寝るので足を伸ばしては寝られない。五人が横になって寝る。窮屈とかいっている場合ではなかった。

若松が寮長の役目を担っていた。朝は六時起床。近くにはまだ住宅も少なく、付近には空地がたくさんあった。空地では朝早くから戸板を並べて野菜などを売る露店が二、三軒あった。われわれ五人組はそこへ朝食の材料を買い出しに行った。

「オヤジさん、ネギと豆腐と油揚。少し負けてくれないかな、われわれ田舎から出てきたばっかしで金がないんだ」と若松が品を決め、交渉して金を払う。なぜか若松は初めから世間馴れして生活力に長けていた。一日置きに買い出しに行くうちに、露店のオヤジさんと軽口を叩くような関係になった。若松は関係が深まると、「これ、おまけしてくれないかな?」なんて。

四人は若松孝二に引っ張られるような日々を過ごしていくことになる。

朝食は必ず五人揃ってとった。食事は共同炊事場で、若松が早起きして手っ取り早くつくった。若松の作るみそ汁は天下一品で、油揚に豆腐、それに長ネギやほうれん草が入っていた。

「みそ汁はこうするとうまいんだ。坊や、やってみろ」

若松流のみそ汁を教わったが、その後六十年間、私はいまでも台所に立つが、みそ汁はずっと若松流で、「一番美味い」と頑なに踏襲して、「俺の作るみそ汁は天下一品」と自負している。

「若兄ィ、そんなこと知らないだろう。みそ汁対決しても絶対負けないよ」と、あの世へメールを送りたい。

主食の米は清家や村上が実家から送ってもらっていた。米さえあれば生きていけるというのが若松の口ぐせだった。誰もまだ職がなく、金も持っていない。夜になると近くの畑に出刃包丁を持ってキャベツを取ったりしたこともある。キャベツ盗人役は若松と私の二人であった。

ある日の夜、若兄ィと二人でキャベツ畑に侵入して、三つ四つ切り取ったキャベツを持ち帰ろうとすると、突然犬が吠え、驚いた私は持っていたキャベツを一つ落としてしまい這々の体で逃げ切った。

「坊や、慌てるから犬が余計に吠えるんだ。慌てずに静かにそっと引き上げりゃ、犬もおとなしくなるもんだよ。なに、キャベツ落とした？　もったいねえじゃないか、折角盗ったのに」

若松に言われたこともある。そしてその後は近くの畑には行かなくなった。

キャベツを盗っても、そんなに悪いことをしたという自覚はなかった。田舎で近所の柿を盗ったり、琵琶を盗ったりするのと同じような感覚だったと思う。田舎で柿を一つ盗るのと、生計を立てている畑のキャベツ栽培と一緒にできないはずなのに、その頃は「今日食べる」ということで、キャベツ盗っ人が犯罪という認識はなかった。それでも犬に吠えられたことで、その後はキャベツ盗っ人はしなかったので、「悪い」ということはなにか感じていたのだろう。当時は東京といっても中心地以外は田園だらけであった。

われわれはどうやって俳優になるのか。

ある日、若松が「みんな、これを読んで勉強しよう」と、どこから仕入れてきたのか知らないが演技読本、田中某という著者だったと思うが、そのなかに早口言葉があった。

「俺たちは田舎者だから、方言やアクセント、イントネーション、滑舌を直さないとダメだ。〈外郎売り〉という口上があるから、これを暗記しよう。とりあえずわれわれ五人は一緒になったが、役者になるにしても何か一つ行動しなくてはいけない。どうや、コレやってみようじゃないか」と。

「外郎売り」は役者や声優、アナウンサーを目指す人が、発声練習として最初に勉強するといわれるもので、いまでもそうらしいが、六十年前、私たちは誰に教わることなく、「拙者親方と申すは……」と必死で覚え、覚えては暗唱を繰り返し、若松に叱咤激励されながら、全口上を暗記していた。

その口上は、
拙者親方と申すは、お立ち会いの中に、御存知のお方も御座りましょうが、御江戸を発って二十里上方、相州小田原一色町をお過ぎなされて、青物町を登りへおいでなさるれば、欄干橋虎屋藤衛門、只今は剃髪致して、円斎となのりまする。元朝より大晦日まで、お手に入れまする此の薬は、昔ちんの国の唐人、外郎という人、我が朝へ来たり、帝へ参内の折から、この薬を深く籠め置き、用ゆる時は一粒ずつ、冠のすき間より取り出す。依ってその名を帝より、とうちんこうと賜る。即ち文字には、「頂き、透く、香い」と書いて「とうちんこう」と申す。只今はこの薬、殊の外世上に弘まり、方々に似看板を出し、イヤ、小田原の、灰俵の、さん俵の、炭俵のと、色々に申せども、平仮名をもって「ういろう」と記せしは、親方円斎ばかり。もしやお立ち会いの中に、熱海か塔ノ沢へ湯治にお出でなさるるか、又は伊勢参宮の折からは、必ず門違いなされまするな。お登りならば右の方、お下りなれば左側、八方が八棟、表が三棟玉堂造り、破風には菊に桐のとうの御紋を御赦免あって、系図正しき薬でござる。イヤ最前より家名の自慢ばかりを申しても、御存知ない方には、正身の胡椒の丸呑み、白河夜船、さらば一粒食べかけて、その気見合いをお目にかけましょう。先ずこの薬をかように一粒舌の上にのせまして、腹内へ納めまするると、イヤどうも云えぬは、胃、心、肺、肝がすこやかになりて、薫風喉より来たり、口中微涼を生ずるが如し、魚鳥、茸、麺類の食合わせ、其の他、万病速効ある事神の如し。

さて、この薬、第一の奇妙には、舌のまわることが、銭ゴマがはだしで逃げる。ひょっとしたがまわり出すと、矢も盾もたまらぬじゃ。そりゃそら、そらそりゃ、まわってきたわ、まわってくるわ。アワヤ咽、さたらな舌にカ牙サ歯音、ハマの二つは唇の軽重、開合さわやかに、あかさたなはまやらわ、おこそとのほもよろを、一つへぎへぎに、へぎほしはじかみ、盆まめ、盆米、盆ごぼう、摘立、摘豆、つみ山椒、書写山の社僧正、粉米のなまがみ、粉米のなまがみ、こん粉米の小生がみ、繻子ひじゅす、繻子、繻珍、親も嘉兵衛、子も嘉兵衛、親かへい子かへい、子かへい親かへい、古栗の木の古切口。雨合羽か、番合羽か、貴様のきゃはんも皮脚絆、我等がきゃはんも皮脚絆、しっかわ袴のしっぽころびを、三針はりなかにちょと縫うて、ぬうてちょとぶんだせ、かわら撫子、野石竹。のら如来、のら如来、三のら如来に六のら如来。一寸先のお小仏におけつまずきゃるな、細溝にどじょにょろり。京のなま鱈奈良なま学鰹、ちょと四、五貫目、お茶立ちょ、茶立ちょ、ちゃっと立ちょ、茶立ちょ、青竹茶せんでお茶ちゃと立ちゃ。

来るは来るは何が来る、高野の山のおこけら小僧。狸百匹、箸百膳、天目百杯、棒八百本。武具、馬具、ぶぐ、ばぐ、三ぶぐばぐ、合わせて武具、馬具、六ぶぐばぐ。菊、栗、きく、くり、三菊栗、合わせて菊栗六菊栗、麦、ごみ、むぎ、ごみ、三むぎごみ、合わせてむぎ、ごみ、六むぎごみ。あの長押の長薙刀は、誰が長薙刀ぞ。向こうの胡麻がらは、えのごまがらか、あれこそほんの真胡麻殻。がらぴい、がらぴい風車、おきゃがれこぼし、おきゃがれ小坊師、ゆんべもこぼして又こぼした。たあぷぽぽ、たあぷぽぽ、ちりから、ちりから、つったっぽ、たっぽたっぽの一丁だこ、落ちたら煮て食お、煮ても焼いても食われぬものは、五徳、鉄きゅう、かな熊童子に、石熊、石持、虎熊、虎きす、中にも、東寺の羅生門には、茨城童子がうで栗五合つかんでおむしゃる、かの頼光のひざもと去らず。鮒、きんかん、椎茸、定めて後段な、そば切り、そうめん、うどんか、愚鈍な子新発地。小棚の、小下の、小桶に、こ味噌が、こ有るぞ、小杓子、こ持って、こすくって、こよこせ、おっと合点だ、心得たんぽの川崎、神奈川、程ヶ谷、戸塚は、走って行けば、やいとを摺りむく、三里ばかりか、藤沢、平塚、大磯がしや、小磯の宿を七つ起きして、早天早々、相州小田原とうちん香、隠れござらぬ貴賤群衆の花のお江戸の花ういろう。あれあの花を見てお心をおやわらぎやという。産子、這子に至るまで、この外郎のご評判、ご存じないとは申されまいまいつぶり、角出せ、棒出せ、ぼうぼうまゆに、臼、杵、すりばち、ばちばちぐわらぐわらぐわらと、羽目をはずして今日お出でのいずれも様に、上げねばならぬ、売らねばならぬと息せい引っぱり、東方世界の薬の元締め、薬師如来も照覧あれと、ホホ敬って、ういろうは、いらっしゃりませぬか。

こうして書いていると、あの頃のことが目に浮かぶ。

リーダーの若松に尻を叩かれ、「外郎売り」に必死になっていた様子が。なかなか覚えられず、便所でもどこにいても暇があると「拙者親方と申すは……」とやっていた。

五人組分裂

共同生活が始まって三、四カ月経った頃だったか、村上が「僕はここから出て行く」と言ったことから亀裂が生じた。原因は村上が、「若ちゃん、毎日ブラブラしているような、こんな生活じゃ先がまったく見えない。結果的に毎日無為な時間を過ごしている。こんなことではいかんと思う。一応大志を抱いて東京に出てきた。このような日々じゃ時間の無駄なので、僕は自分の思う道に行く」と、決別を宣言したからだった。

♪一、夢じゃ夢じゃと　笑わば笑え　我がなす心は　我しか知らぬ
日本の夜明けを　手操るため　天駆け　海越え　地を奔る
いごっそ魂　土佐　龍馬
（「いごっそ魂」唄・三山ひろし、作曲・久仁京介、作曲・中村典正、編曲・伊戸のりお）

村上の兄は、地元代議士の後援会の青年会長か何かをしているらしく、政治云々とは関係ないが、いごっそ村上は自分の進むべき道というものを頑固なほど持っている人だった。

「遊んでいるわけではない。俺たちは田舎者だから東京の空気に慣れる期間じゃないのか？　何か俺を誤解しているようだが、俺だってこのままでいいなんて思っちゃいない。だけど村上がそう思うのだったら仕方がない。自分の思う道を行くことに反対はしない」

と若松が反論したことで、それぞれが己の進む道を行くという議論になって、それぞれが巣立つことになった。こうして共同生活にピリオドが打たれたのだった。

若松と同年代の村上は、若松と反りが合うとは言い難く、高知と広島は近く親近感があるということで私を誘ったが、一緒に行かなかった。板谷は実家が金持ちらしく、自分は一人で生活すると言った。

五人はもともと、素性も性格も知らぬまま、予期せぬ出会いから仲間になった。仲間への接着剤は「役者・俳優」への夢が一致したからにほかない。しかし、進む方向性に疑問が出てきても、それが自然であった。

私は能天気で、その場限りの生活で不満は感じなかった。ただ、みんなと「役者・俳優」の夢を共有していることだけで幸せな気持ちだった。しかし、三、四歳上の先輩は現実を直視していた。その現実の先の見えない不安を爆発させたのが村上であった。

こうして「桃園の誓い」ならぬ「祖師ヶ谷の誓い」は、それぞれの誓いへと散っていった。残った清家と若松と私の三人は、新しいアパートを借りて住もうということで話がまとまった。

三人は千歳船橋で三畳間を借りた。村上たちとの決別などなかったように、この三人は気が合うようで新宿や渋谷によく出た。原点である文化芸術学院のことはいつしか忘れて……。

初めての乱闘

ある日の夜、小田急線で新宿からねぐらのある千歳船橋に帰る車内で喧嘩になった。乗客パラパラの車内の斜め向かいにはチンピラ風の三人の若者がいた。若松の表情が険しい。視線を見ると三人組に眼を付けられ、眼で返していた。

その異様な場面に、「これは喧嘩になるかも……」と清家と私もそれとなく身構えていた。

若松は高校では番長だったという。柔道も自称「初段」と聞いている。風体を見ればわかるが、割り合いがっちりした体形で腕っ節には自信を持っていた。

清家は子供の頃から漁師の親父と共に漁に出ていたとかで腕力があった。三人で相撲をよくしたが相撲では一番強かった。

私は若松同様、柔道部に入っていた。また、広島駅近くにあったボクシングジムに半年間通った経験もあるし、「高校を卒業したらプロテストを受けてみるか」とジムのオーナーからも言われていた。しかし、若松、清家はどうかは知らないが、私は喧嘩慣れしていない。元暴力団組長で映画俳優として活躍した安藤昇は、「喧嘩の強さは腕力じゃない。度胸だ」と言ったが、大した度胸があるとは思えない私の心臓はどぎまぎしていた。

若松孝二が清家と私に目配せした。「喧嘩になるぞ。用意しておけ」というシグナルであった。清家と私も顔を見合わせた。清家が「いいな」と目で言っていた。何秒経ったか分からない。そのうち、相手の動きに弾かれるように立ち上がった。

走る車内で六人が入り乱れて、もみ合い、殴り合い、電車の揺れもあってみな床に転がった。電車の揺れでお互いのパンチも空振りし、ほとんど当たらない。取っ組み合いの喧嘩であった。

乗客が車掌に連絡したのか、車掌らしき数人が別車両から駆け寄ってきた。

咄嗟に若松は「坊やたちは電車が停まったらすぐ逃げろ！」と叫んだ。長兄が弟を守ろうという叫びのようだった。

電車が駅に停まって、六人はバラバラに逃げたという記憶がある。

相手はチンピラ風といったが、相手からすると私たちも「チンピラ風」に見えただろう。まさに私たちもとっぽい出で立ちをしていたことは間違いない。そのうえ、若松は誰に対してもガンを付ける好奇心の旺盛さも相まって、トラブルになりかけたことは枚挙にいとまがない。

若松の長兄

ある日、若松孝二の長兄がアパートを訪れた。名前は記憶にないが、若松が「兄だ」と言って私たちに紹介した。肌が浅黒く芯の強そうながっちりした体形だった。

二人の会話が耳に入ってくる。

「孝、おまえ菓子屋を辞めたらしいじゃないか。今何をしているんだ?」(「孝二」ではなく「孝」と呼んでいた)「おふくろがたいへん心配してな。もう田舎へ帰って来い」というような会話だった。

「俺もやりたいことがあるし、このままおめおめと帰れないよ。兄さん、もうちょっとこっち(東京)におらせてよ」と、若松は言った。

「お前が東京で何をしたいのか俺には分からないが、俺たちはお前が一人前の菓子職人になると安心していたんだ。まあ、それはいい。お前の気持ちも分からなくはない。お前の気持ちをおふくろには伝えるが、もう東京はいいだろう。田舎だってそんなに悪くはない。東京が嫌になったらいつでも帰って来い。おふくろにこれ以上心配かけるな」

と、少し怒ったような口調で兄弟の会話に終止符が打たれた。

長兄は私たちに対し、「一緒に住んでいるようだが孝をよろしく頼む」と言ったのだった。私たちは恐縮して「はぁ」と頭を下げるのが精一杯だった。

長兄は帰り際、見送る私たちに一、二度振り返って頭を下げた。その表情は、弟・孝を思う兄の顔であった。弟の行末を心配して、弟を諭すため、仙台からわざわざ訪ねて来た長兄を見ると、孝青年は家族の愛情のなかで育ったことが感じられた。

若松は無鉄砲な家出をしたわけではなかった。確かに、家出同然の行動だったのは事実だが、東京へ出てから、住所や勤め先を実家へ知らせていた。だからこそ、菓子屋や祖師ヶ谷、千歳船橋のことも長兄は知っていたのだった。また、りんご箱に詰めた「米」を送ってもらっていた。ちゃんと実家と連絡を取っていたからだ。若松孝二という男はボンクラではない。まっとうな男であることがよく分かる。

私のような鉄砲玉の家出とは違っていたが、その頃は若松も私と同類くらいにしか思ってもいなかった。いや、思っていないのではなく、そんなことなど頭になかった。頭のなかは空っぽ、能天気そのものだった。

「聞いてのとおり、俺の本名は伊藤孝って言うんだ。伊藤孝より若松孝二のほうが格好いいだろう。俺はずっと若松孝二だからな」と、若松は強調した。

通称「若松孝二」誕生

なぜ伊藤孝から若松孝二にしたのか、その理由を言わなかった。また、こちらも聞かなかったのでまったく分からない。芸能人が芸名を付けるのと同じような感覚で変名した「若松孝二」ではなかったかぐらいしか見当はつかない。

伊藤孝から「若松孝二」になった経緯を、若松は自著で次のように明かしている。

……若松孝二って名前を使ったのは、八王子の房から出てきた時。だから、映画入りと同時に、今までの自分を断ち切ろうと思って使うことにした。それまでの自分〝伊藤孝〟を、すぐそこでいったん捨てた。カッコイイ言い方をすると、俺、ぜんぶ〝若松孝二〟になろうと思ったんですよ。

なぜ若松かって言うと、俺の知り合いに若松ってのがいたんです。大映の製作かなんかしていて、俺が面倒見てもらってた。当時、ちょっといい人だったんだ、今考えるとインチキ野郎だけどね。その人が若松って付けてくれた。孝二の孝は、親孝行の孝、伊藤孝の孝だからね。若松孝ってのはおかしいから、二を付けて〝孝二〟。「アッ、それいいね、カッコイイ名前だな。役者みたいだな」ってんで。半分役者もやってみたい気もあったし、やっぱ、どっかその気はあったんだよな。

だから映画の世界では、伊藤孝って本名は誰も知らなかったんだ。俺が外国へ行くんで、初めてパスポートを取った時にバレた。ようするに自分じゃ伊藤孝ての は全部消そうと思ったからね。もの書きのペンネームとは違うんだ。若松孝二ですって言えば、ぜんぶ若松孝二なんだ。それで若松孝二は、無事『甘い罠』でデビューしたわけだ。

だけど、若松孝二になってからも、町屋ってとこで一部屋で五人で住んでたことあるんだよ。その連中、今はみんな映画界やめちゃって、田舎に帰ったりして。残ったのは俺一人になったけどね。

（『俺は手を汚す』ダゲレオ出版、一九八二年。後に河出書房新社、二〇一二年）

その頃の記憶で話しているのだろうが、相当の記憶違いやフィクションが入り混じっているとしか思えない。町屋の五人というのは、私たちの祖師ヶ谷「五人組」のことだろう。町屋というのは、菓子屋の見習いの「町屋」のことと推測することができるし、祖師ヶ谷の勘違いと解釈したい。

さらに同書では、警察にパクられて拘置所に入ったという記述があるが、

……組に入っていた頃は、千歳船橋に二畳の部屋を借りていた。二枚の畳があって、上に押入れが突き出てるのね、家賃は一〇〇〇円かそこらだったかな。

それからすぐ下北沢の淡島に移ったけど、その時ケンカがあってね。俺の知ってるやつが、日本興業のやつにやられたんで、それを淡島までかっさらってきてカツアゲしちゃったのね。殴ったら、そいつがたまたま時計を置いて行った。それが不法監禁、強盗傷人という罪名付き

になった。

その頃はもう、女と一緒でしたよ。女は喫茶店で働いてて。こっちは毎日ブラブラひもみたいなものです。女のところへ転がり込んだ形だったからね。淡島は六畳です。ものすごくいい娘だったですよ。歳は一つ上でした。九州から出てきた娘でね。その頃はよく映画も見ました。もう二本立もあったんだよね。どんなの見たか忘れちゃったけど、暇つぶしで暗闇の中によく座った。

朝の五時頃ですよ。トントンと戸を叩く音がした。「ああ、来たな」と思った。素っ裸で寝る癖があるんだけど、その時もそうでした。パッと起きて「誰！」と言ったら「電報です」って言うんでね。警察が使う言葉はいつも同じですよ。すぐ〝サツ〟だとわかった。ガラーッとドアを開けたらドーッと入ってきた。素っ裸のまま手錠をガチンとかけられちゃった。

「パンツぐらいはかせろよバカヤロウ！」って言ったけどね。捜査令状見せて、がさ入れすよ。押入れ開けて日本刀から何からみんな持っていった。そのまま着物きせられてパトカーに乗せられたけど、それでもアパート出る時には、手錠の上に洋服をちゃんと掛けてくれたよ。サイレン鳴らして府中警察まで持って行かれた。

これではまるで映画のストーリーだ。

あとで淡島の話が出るが、朝五時に警察が来て若松が手錠を掛けられたとしたら、私も若松と一緒に住んでいたので知っているはずだが私は知らない。だいたい、一間《いっけん》の押入れに日本刀なんて見たこともない。私は、布団の上げ下げのため一日一回は押入れを開けているし、日本刀などあるはずもなかった。

また「日本興業にやつを淡島までかっさらって」なんて思わず笑ってしまいそうな、ありえないシナリオだ。

それに若松は「新宿・安田組の組員だった……」と語っているが、組員になった証もないし、組員だったこともない。ちょっといきがってチンピラ風の真似事をしていただけのことだ。安田組に知り合いがいたことは私も会ったことがあるので知っている。ただそれだけのことだ。異色の映画監督に見せるための「糧」として、吹聴しているに過ぎないと断言する。不思議な記憶である。

この取材時は、若松が四十六、七歳の頃で、話しているうちに精神が高揚して現実と空想がゴチャゴチャになって、シナリオを書いているつもりで話したのではないかとしか思えない。著書といっても口述ではなく、自らの手で一字一句書けば、たぶんこのような、ある意味「フィクション」とは書けないと思う。もっとも、「自伝」というのは、日経新聞などの「私の履歴書」という公の自伝であってもみな、美談、成功譚だ。都合の悪いところはカットしたり、ぼかして書くというのはよく知られるところだ。

古いことなので記憶が正しいかどうか不安もあるが、日経新聞が「私の履歴書」を依頼するに当たって、読売新聞の渡邉恒雄(当時は会長か主筆か最高顧問か定かではない)氏に白羽の矢を立てた。

渡邉氏は、ある意味ライバル新聞社からの依頼に驚きながらも二つ返事で快諾した。

そのとき、日経は「渡邉さん、都合の悪い話は飛ばさないで、悪い話もみなありのままを書いてください」と念を押したということを、経済誌か週刊誌で読んだ記憶がある。日経が指摘したように、成功者といわれる人物が自伝の類を書くと、自分にとって良くないことはぼかしたりして書かないというのは常識ではないだろうか。

若松孝二の自伝は、ヤクザの子分だの、パクられただの、ケンカしただのとアウトロー的な部分は知られて悪いことも隠さない。それが若松の肥やしとなり、伝説化される要因だが、それにしても映画のストーリーとしか思えないよ、若兄ィ。

九州の娘と「淡島」に住んでいた——というくだりまで、私は若松と二十四時間、寝食を共にし、若松のすべてを知っているからだ。だから「フン、フン」と笑いながら読ませてもらった。

どんな人間にだって、八十年も生きていれば大小の罪も、やむにやまれず不可抗力のなかで犯すこともあるはずだ。罪は罪、刑は刑であるのに、盗人や横領などの犯罪はバカにされ、犯罪でも政治が絡む政治犯はバカにはされず、むしろ胸を張っているように思えるのは我一人か。選挙違反でパクられたら立派な犯罪だ。政治犯には刑が甘いようだが、政治だからこそ、厳罰に処されるべきではないかと思う。

千歳船橋の三畳間での共同生活といっても収入がないとすぐ金欠に陥った。若松が「内外タイムズ」「東京タイムズ」といった新聞（夕刊フジや日刊ゲンダイはまだない）でアルバイトを探してきた。渋谷上の大橋辺りの絨毯洗い専門の日米商会という工場だ。夥《おびただ》しい数の絨毯が積まれていた。それを一枚一枚広い敷地（洗い場）に広げ、タワシで洗ったり、水を流して足で踏んで洗ったりと、かなりの重労働だった。その仕事を三人で毎日やった。

昼食は工場内に小さな売店があって、コッペパンにコロッケを挟んで食べた。コッペパン一個十五円、コロッケ一個五円か十円だったと思う。一回の昼食代二十円から二十五円だったように記憶する。

余談だが、私が東京で初めて食べたのが「もりそば」だった。ウィンドーのなかの商品サンプルの「もりそば」は、山ほど盛り上がっていた。その量の多さに惹かれて注文した。初めて食べるものだった。舌なめずりして待っていた「もりそば」が目の前に置かれた。食べているうち簀の子が出てきて、そば皿（器）の中間あたりが仕切られ、下には何もなかった。大盛りだったと思ったそばは、大盛りでも何でもなかった。これには驚き失望した。

江戸（東京）は生き馬の目を抜くという話を聞いたことがあったので「これはインチキだ……」と、真面目に思いガッカリした田舎者であった。「もりそば」は十五円か二十円だった。

絨毯洗いのアルバイト代は日払いだった。いくら貰ったのか、さっぱり思い出せない。いずれにせよ、三人で日払いを受けるので生活には困らなかった。絨毯洗いのアルバイトはわれわれだけではない。毎日、何枚も洗っては干すので二十人くらいいたのではないか。お互い素性の知らない者同士だ。絨毯一枚を三、四人で洗うので、自然と顔見知りになり、一つのグループになって仕事をする。

日払いとはいってもノルマがあった。そしてノルマをめぐってグループが反目するようになった。そのなかにボクサー上がりのグループがあった。正確にはボクサー上がりかどうかはわからない。いつもボクシンググラブを持っていたので多分そうだろうと想像しただけだ。その男が大きな声で話したり、笑ったりした姿を見せたことは一度もない。ニヒルな二枚目の男だった。眼光は鋭くゾッとする冷たさを感じさせた。安藤昇を彷彿とさせる人物だった。

その男と若松が、いつの間にかガンを飛ばし合っていた。ときには一分、二分と睨み合った。

「あの野郎がガンを付ける。勝負して片を付けないといけんな」と、若松が言った。

ボクサーも多分、同じような心境だったはずだ。ある日の夕方、そろそろ仕事が終わりという時刻に、ボクサーの男が決闘を申し込んできた。

「あんた、いい度胸してるじゃないか。何者か知らないが、このあたりで決着つけようじゃないか」と、男は言った。

「こっちもそう思っていたところさ。一対一かそれとも三対三でやるか」

「若いのを巻き込んじゃいけないよ。俺たち二人でやろうじゃないか」

「異論はない。やってやろうじゃないか」と、若松も即座に受けて立った。

「早いほうがいい、今夜どうだ」と、男は言った。

「上等じゃないか」と、若松は受けた。

「決闘だから一対一でやろう。フェアな戦いをしよう」と、男は同じようなことを言った。

「望むところよ。喧嘩は丸腰でやるもんよ。若いのには帰ってもらおう」と、若松は返した。

ビルから覗く夕陽が真っ赤に燃えていた。二人の影が日没に吸い込まれそうな時刻だった。

この決闘のくだりは、こういうことだったと想像を入れて書いたが、私も清家もボクサー側の仲間もいたなかで、およそこういったやり取りがあったし、深夜の決闘があったことは事実だ。

決闘の場所と時刻は、ボクサーが「倉庫の裏でどうだ」と一方的に決めたようだ。果たして勝負はどうなったのだろうか。

夜中、ねぐらに若松が戻ってきた。特に変わった要素はない。

清家が「若ちゃん、大丈夫か?」と声をかけると、「どうってことはないよ」と返事が返ってきた。それでも何発かパンチを食らったことは顔を見れば分かる。若松が「番長」だったといっても相手はボクサー、あるいはボクサー崩れだ。パンチの二、三発くらっても仕方ない。

翌朝、何事もなかったかのように絨毯洗いに行った。ボクサーやそのグループの連中も普段と変わりはない。われわれも何事もなかったように絨毯洗いに精を出していた。若松もボクサーの男も「すっきりした」いい顔の男に見えた。

後日談だが、ボクサーの男が若松のいない時間を見計らって私に、「あんた、坊やとかいったな。あんたんとこの親分は強いし気性が良かった。これから仲良くやろうぜ」と言った。

敵が敵を知った。決闘のあと、どういう話をしたのかは知らないが、お互いに言い合い殴り合っているうちに、男が男に惚れたということで決着がついたのではないかと推測する。推測というのは、ボクサーの男が私に言った以外、若松も決闘のことは口を噤んだままだからである。いずれにしても、若松孝二という男は知り合ってからずっととっぽい男だった。

それから数日が過ぎたころ、清家円三が一人で住むと言い出した。もとは五人組からスタートしたが、若松を除くわれわれ四人は西国出身で真面目であった。別に若松が不真面目ということではないが、性格が違った。四人には若松のようにガンを飛ばしたりという、とっぽさはない。

そもそも進む道は同じでも生き方が違っていた。清家もまた、一人になったほうが夢に向かって進むことができると判断したのだろう。

清家はわれわれ二人を置いて出て行った。同郷の板谷が住むアパートに一室を構えたので「いつでも来いよ」と、清家が私に伝えたのだった。

若松孝二と一緒に新宿・渋谷へ出没

一九五七(昭和三十二)年、五人が共同生活を始めてから一年ほどのあいだの出来事である。

残された私と若松は、大映映画、今東光原作『悪名』に出てくる八尾の朝吉(勝新太郎)、弟分のモートルの貞(田宮二郎)のコンビのように、ハンチング帽の若松、野球帽の弥山コンビは、新宿や渋谷に出没していた。

新宿は東口、二幸の横、今の「モア街」を通って、都電(角筈)を渡って歌舞伎町へもよく行った。モア街のなかほど左側にあった喫茶店の前には、いつもプラカードを持ったサンドウィッチマンが通行人を誘っていた。

「寒いです、寒いです、外は寒いです。なかは暖かいです、〈ルッフラン〉へどうぞ」と、いつも決まった口上だった。よく聞いたのでいまでも覚えている。ヤマダ電機あたりか。若兄ィと一度入った「ルフラン」(ル・フランか?)はあるのだろうか。懐かしいサンドウィッチマンの、ツの入った口上が耳に残っている。

あの頃はサンドウィッチマンやピエロ、それにチンドン屋が店の宣伝に一役買っていた。

一九五三(昭和二十八)年、鶴田浩二が歌謡曲「街のサンドイッチマン」を歌って大ヒットした。

♪嘆きは誰でも　知っている　この世は悲哀《かなしみ》の　海だもの
泣いちゃいけない　男だよ　サンドイッチマン　サンドイッチマン
俺らは　街のお道化者　今日もプラカード　抱いてゆく(歌詞二番)
(作詞・宮川哲夫、作曲・吉田正、編曲・佐藤鋤)

渋谷の恋文横丁。現在の「109」裏手あたりか。当時はほとんど木造平屋の飲食街だった。ハチ公前広場から恋文横丁に入って、左に折れる突きあたりの右側にかなり大きな飲食屋があった。その店で若松が、「坊や、パイカール（中国の蒸留酒）知ってるか？　キツイが飲むか」と。

私はパイカールなんて聞いたことも見たこともない。中国の焼酎みたいなもので、飲んだあとでアルコールが四十度もあると聞いた。今日のように、何でも水割りという時代ではない。ストレートだ。餃子とレバニラ炒めみたいなものと、二杯のパイカールでぶっ倒れそうになった。

恋文横丁には木造の簡素な共同便所があり、野郎たちはドアのない開放的なそこで横並びになって立ちションした。飲食の途中、尿が近くなり、決まって若松と二人で店外の共同便所で連れションした。ビールを飲んでいるせいか放尿には勢いがあり、「よう出るわい」と、お互いのチンポを見て笑ったものだ。その後姿を見ながら男も女も興味なさそうに行き来している。

あの頃は電柱や家屋の塀などに向かって男たちは小便をした。恋文横丁の共同便所はそれと同じようなものだった。共同便所の角のスタンドバーから、

♪さよならと　さよならと　街の灯りが　ひとつずつ
消えて行く、消えて行く、消えて行く〜
「泣かないで」（唄・和田弘とマヒナスターズ、作詞・井田誠一、作曲・吉田正、編曲・和田弘）

むせび泣くような歌が扉の隙間から漏れてくる。酔いも手伝ってか感傷に浸る。席に戻ると、また飲食の続きで酩酊が厳しい。

ハンチング帽の若兄ィは何を考えているのか、いつの間にか隣人と仲間になって饒舌になっている。人見知りしない、人懐っこい性格は若松の真骨頂だ。この性格がその後、ピンク映画監督として花開いていくことは私のみならず、当の本人も知らない。

そのような放浪生活まがいの日々の一コマがあった。

お国自慢の勝敗

若兄ィこと若松孝二は、一九三六(昭和十一)年生まれ。私は昭和十六年生まれ。四つ違いであるが、当時は正確に若松の歳がいくつなのか知らなかったが、「若兄ィ」「坊や」の仲であった。

このようなこともあった。

「坊や、広島ってのは何があるんだ?」

「何があるって……原爆、原爆のヒロシマは有名じゃないですか」

「原爆か。ちょっと意味合いが違うが、坊や、原爆に遭ってないのか?」

「わからんですよ、小さかったんで。この歳になっても広島に原爆が落ちたなんて知らんかったですね。無知かもしれんですが、そんなことがあったなんて友達も話題にしたこともないし。今でも広島に原爆が落ちたという感覚なんてないですよ」

「ふ〜ん、そんなもんかい」

話は六十年後の現在だが、若松との話では「原爆は知らなかった」と言ったが、それは事実だったが、原爆そのもののことは知らないにせよ、のちに私は原爆被爆者であることが認定されたのである。小さな子供だったとはいえ、原爆一世だったのである。その証拠が広島市より「被爆者健康手帳」なるものの発行を受けている。

そのうち私が死んだら、平和記念公園内の「原爆死没者慰霊碑」石室に納められている原爆死没者名簿に書き加えられるのだ。望んでいなくとも。

ちなみに、原爆死没者名簿には三〇八、七二五名（平成二十九年八月六日、原爆の日、奉納時）が記載されている。


また、昭和三十二、三年にプレイバック。

「原爆以外では……有名なのは厳島、宮島ですね。宮城は？」

「そりゃ、松島だ。松島は日本三景だからな」

「宮島も日本三景ですよ」

「オッ、そうか？　宮城・仙台は何といっても伊達政宗だ」

「広島だって毛利元就がいます。毛利は西国の覇者ですからね」

「だけど関ヶ原で負けたじゃないか。伊達は徳川政権でも奥羽の守護を守ったぞ」

「しかし都市では仙台市より広島市のほうが昔から大きい。六大都市とも八大都市とも言われたくらいですから」

「仙台だって昔から東北六県の中心地だ。牡蠣《かき》といえば宮城だ」

「いや、牡蠣は広島が一番です」

お国自慢で熱くなったこともある。現在でも広島市と仙台市は双璧だ。

日本は東京を中心に大阪、名古屋、横浜、京都、神戸を以って六大都市と言われてきたが、この六大都市に次ぐのが地域ブロックの政令中枢都市である。北海道の札幌市、東北の仙台市、中・四国の広島市、九州の福岡市の四政令都市が地方の雄で「札・仙・広・福」(さっせんひろふく)と呼称するが、四都市を対比すると、人口的には(二〇一七年十月一日現在)、一番多いのが札幌市で一、九四六、三一三人。次が福岡市の一、五六七、一八九人。そして広島市の一、一九八、五五五人。最後に仙台市の一、〇八六、三七七人。札幌市と福岡市は、神戸市・京都市と入れ替わって六大都市に躍進している。

将来、東京を除く中心は名古屋と福岡と言われているほど福岡市は発展著しい。福岡にはかなわないが、広島市と仙台市は都市間のライバル意識が強い。人口こそ広島市が仙台市の上を行くが、地形的にも将来は仙台市が広島市を追い抜くとも言われている。

地域に「四大プロ」が存在してこそ、一流都市の折り紙がつく。四大プロとは、プロ野球、プロサッカー、プロオーケストラ、男子プロバスケットボールのことだが、四大プロはブロックの雄

「札・仙・広・福」にも揃う。

広島と仙台。広島には赤ヘル軍団「広島東洋カープ」、プロサッカー「サンフレッチェ広島」、男子プロバスケ「広島ドラゴンフライズ」、それにプロオーケストラ「広島交響楽団」がある。

仙台にはプロ野球「東北楽天ゴールデンイーグルス」、プロサッカー「ベガルタ仙台」、男子プロバスケ「仙台89ERS」、プロオーケストラ「仙台フィルハーモニー管弦楽団」がある。

しかし、ちょっと待てほしい。同じ四大プロでも中味と歴史が違う。プロ野球「広島東洋カープ」は、一九五〇(昭和二十五)年、広島市民によって作られた球団で、企業資本のない単独経営で七十年近い歴史を誇っている。二〇一七年はセ・リーグには敵なしの強さで優勝を果たした。

仙台は「楽天」名が付くし、札幌は「日本ハム」、福岡は「ソフトバンク」と、みな親会社名が球団名だが、広島は「市民球団」であるから、市民は真っ赤に燃えるのだ。よって仙台と広島の勝負は、都市の活力、都市の活性化では、現在では広島の勝ち!

次は歌で勝負。ご当地ソングといえば、札幌と博多のものだが、それでも広島と仙台が勝負した歌謡曲がある。広島はズバリ、「安芸の宮島」だ。そして仙台は「松島紀行」。歌唱は共にご当地ソングの女王かつ「演歌界の女王」の水森かおりである。日本三景を舞台にした二つの歌謡曲。

歌詞を見てみよう。

「安芸の宮島」（作詞・仁井谷俊也、作曲・弦哲也）
♪ひとりで旅する　おんなの背中　泣いているように　見えますか
あなたをどんなに　愛しても　いつかこころの　すれ違い
安芸の宮島　朱色の鳥居　胸の痛みを　わかって欲しい

「松島紀行」（作詞・たかたかし、作曲・弦哲也）
♪涙どんなに　流してみても　過ぎたあの日は　かえらない
別れるための　旅なのに　面倒ばかり　浮かびます
ひとり松島　未練がつのる　あなたにも一度　逢いたくて

どちらもいい歌詞である。オリコンによると、どっちもヒットした。それでも引き分けのない勝負となると、宮島と松島の対決は、ＣＤの売上枚数で松島の勝ち。

あの世の若兄ィ、言い争ったこともある広島・仙台対決は「仙台の勝ち」ということで決着がつきました。溜飲が下がったでしょう。

「バカ野郎！　今頃そんなこと言いやがって。もう遅いっ！」

そんな言葉が聞こえてきそうである。

想い出の下北沢

その頃、下北沢にはよく行った。何しろ、新宿からの小田急でも、渋谷からの京王井の頭線でも十円区間だったからだ。その先は二十円区間になるが下北沢までは十円だった。

下北沢駅前に「M」という喫茶店があった。イニシャルにしたが、今でも店名ははっきりと覚えているが、あえてMとした。時効なので店名を書いてもいいのだが、後述のことで差し障りがあるので、やはり書かないほうがいいだろう。

下北沢に行くたびにMに寄ってコーヒーを飲んだ。店にはベレー帽を被って、えくぼが愛くるしいM・Hというウェイトレスがいて、いつも注文を取りに来た。私たち二人が再三通えば親近感が出て口をきくようになる。人懐っこい若松は、男女問わず誰とでも、初対面でもすぐに話ができる性格だから、その娘と口を聞くようになった。

そのうち若松は、「坊や、あの娘、いい娘だとは思わないか？　どうも役者を目指して劇団に通っているらしい」という。いつそんなことを聞いたのか私はまったく知らなかった。

「九州から出てきて、ここでアルバイトをしている。俺、あの娘に惚れたよ」と、柄にもなく年下の私に告白したのだった。

喫茶店Mに頻繁に通ううちに、私たち二人はM・Hと旧知の間柄のように親しさが増していた。軽口のなかで、共に役者を目指しているという共通点が接着剤の役目を果たしていたのかも知れなかった。

クリスマスを目前に控えていたある日のこと。

「坊や、M・Hに思い切って正式にデートを申し込んだらOKなんだ。クリスマスに招待してくれるんだ」と、若松は嬉しそうに言った。

その話を聞いて、「エッ、もう男を部屋に招くの？　信じられない。あの清純な娘が」と意外に思ったものだ。

若松が言うには、お互い役者を目指しているということで、時折り彼女の勤め帰りに、私の目を盗んで喫茶店で「役者論議」をしているということだった。そのような関係のなかで初デートに発展したのだろう。

デートのあと、クリスマスの夜遅く、若松は戻ってきた。

「どうだったっすか？」と聞いた。

ヘラヘラと相好を崩し、「部屋でね、故郷の話などで盛り上がったよ。それから俺を駅まで送る途中、草むらに押し倒して強引にやっちゃったよ。ものすごく嫌がったけどね。大声出すわけにはいかないし観念して静かになったよ。あの娘、初めてかと思ったら男を知っていたね」と、自慢げに言った。

「エッ？」と思った。ベレー帽の下から見せる笑顔は男を知っている顔には見えない。

その頃の東京や東京近郊に住む者と、田舎から上京してきた者とでは、出口のない都会のジャングルで同じ目的に向かっていても、条件がまったく違う。必ずしも「お金」だけの問題ではないこともある。孤独に苛《さいな》まれて精神的に折れることもある。特におんなは、ノラ猫のように……そのような映画や小説を読んだこともあった。

恐喝か慰謝料か

それからどんな話をしたか覚えていないが、急速に二人のなかが急接近したことで「やっちゃった」というのが事実であったことを証明した。M・Hは私のことを「坊や」と呼ぶようになっていた。私は彼女は本当に清純な女と信じていたし、事実、純な性格の女であることはその後の彼女を見てもわかる。

あるとき、若松は「あの娘と一緒に住みたい」と言い出した。一緒に住む、つまり同棲であるが、彼女のアパートへ転がり込むのではなく、いわば「新居が欲しい」と言った。

新居を構えるといったって、そんなお金なんかあろうはずもなかった。その頃、例えば六畳一間二千円だとしても、前家賃、礼金二カ月、敷金二、三カ月、それに不動産屋への仲介手数料一カ月と七、八カ月分の費用が必要だ。仮に二千円×八カ月でも一万六千円は必要だ。その他、諸々、そのような持ち金あろうはずもない。

昭和三十二、三年頃、大卒の初任給は一万二千~五千円。公務員の初任給は九千~一万円ほどだった。今日では民間を上回る高待遇の公務員も、戦後はずっと民高公底の給与が続いていた。

一九五七(昭和三十二)年、フランク永井が「一三八〇〇円」というユニークな歌を唄っている。

♪一、もっとかつげや　つるっぱしふるえ　歌え陽気に　炭坑節
黒いダイヤに　惚れたのさ　楽じゃないけど　一三八〇〇円
たまにはいっぱい　たまにゃ一ぱい　呑めるじゃないか
二、からのトラック　思いきりとばしゃ　ビルの谷間に　灯がともる
今日もとにかく　無事だった　嫁を貰おか　一三八〇〇円
ぜいたく云わなきゃ　ぜいたく云わなきゃ　食えるじゃないか
（作詞・井田誠一、作曲・利根一郎）

新居に移っても、当面の生活費を考えると最低五万円ほどは必要だ。月給が二万円に届かない時代に五万円の調達は不可能であった。

しかし、若松の同棲への想いは募るばかりで、彼女としてもアルバイトをしているくらいだから余分な金なんか持っていない。若松が私に相談してきた。

「坊やには言わないでいようと思っていたけど、言っちゃうよ。あの娘は、実はこの店の親父とできているんだ。何かしら援助を受けているんだよ」

喫茶店のクソオヤジ（経営者）に援助してもらっているというのだ。田舎から出てきて、生活苦から喫茶店やバーなどでアルバイトをしているうち、経営者やお客とできて、援助を受けるというケ

ースは多い。清純とは別問題だ。止むに止まれず、なのだ。私にはものすごく分かる、痛いほど彼女の立場が分かる。

「俺はそんなことはいいんだ。ただ、惚れちまったあの娘と一緒になりたいがアパートを借りる金がない。それで考えたんだ。あの親父から金を取ろうと思うんだが、坊やどうだろう？」と。

「えっ、金を取るといっても……」

「考えたんだが、俺はこいつ（M・H）の兄になって、『あんた、妹を手ごめにしやがって』とかなんとか言えば、金を出さざるを得ないだろう。十万円位なら出すのではないか。それしかないと思うんだ」と言った。

「それもいいけど、下手すると恐喝になり、ヤバくないですか？」

「その辺は上手くやるけど。坊やは関わる必要はない。知らなかったことにしてくれ。一応お前には言っておくよ。何かあったときのために。なあに、上手く話すよ」

といっても、それは若松の願望であって、現実にそのようなことがあるとは思えない。ところが数日経って、「坊や、新しいところへ移るぞ」と、若松は嬉しそうに言った。金が入ったのだ。恐喝をしたのだろうか。いや恐喝ではない。ちゃんと話をして、先方が納得しての慰謝料のはずだ。慰謝料として受け取ったのだろう。

どちらにせよ、お金が入ったことは事実だろうし、ということは彼女（M・H）も「親父（経営者）」との縁が切れたということに繋がった。

能天気な私は、それ以上詮索することもなく、話がうまくいったのだな、ぐらいにしか考えていなかった。

「若兄ィ」と「坊や」の契り

新居は淡島(世田谷区)。勝手知った下北沢駅南口商店街からずっと下って、駅から歩いて二十分ぐらいのところだろうか、真っさらなアパートの二階の東南で、六畳に二畳のキッチンのある部屋だった。

私は新婚二人のためにも、一人生活をするつもりでいた。清家円三から「こっち(戸越銀座)に来いよ、板やんもおるよ」と誘われていたので、若松と離れて生活するのにちょうどいいキッカケになると思っていた。

ところが、彼女(M・H)が、「坊や、私たちと一緒に住もうよ。ね、住んでよ。若松と二人で住むのは嫌なのよ。坊やが来てくれないと若松とは住まないよ」と責めるのだった。

若松もまた「三人で住めばいいじゃないか」と本心でそう願っていたことが分かって、私は二人からの哀願に負けて、「とりあえずそうするか」という気持ちになって、三人で共同生活することになったのであった。

このときから、それまで私は「若松さん」と呼んでいたが、若松は最初から「坊や」と呼んでいたので、私は「若兄ィ」と呼ぶことにしたのであった。

淡島では彼女は昼間、喫茶店に勤め、われわれ二人はヒモのような存在だったが、ここでも米は、若松・兄ィが宮城の実家から送ってもらっていたので生活に困ることはなかった。相変わらず若兄ィが早起きしてせっせと朝食を作った。

とはいえ、いつまでもブラブラ遊んでいるわけにはいかなかった。

若兄ィが「劇団を立ち上げよう」と言った。しかし、そうなれば小さな事務所ぐらい必要だろう。われわれは事務所探しに、新東宝や東宝へのアクセスがよい、三軒茶屋まで歩き、玉電に乗って、たまたま降りた上町駅でプレハブの小さな不動産屋を見つけた。その不動産屋の親父さん(農家の人らしかった)が、われわれが覗いていると出先から戻って、「なんだね」と聞いてきた。

「何か仕事をしようと思って事務所を探しているが値段が高いし手が出せない。それでちょっと覗いていたんです」と、若兄ィは言った。

人の良さそうな親父さんは、「ふ〜ん、ワシは不動産の看板上げてるけど、人を雇うわけでもなく、かたちだけで遊んでいるだけだから、何なら自由に使っていいぞ。何？　劇団事務所として使いたい。へェー、ここで役に立つんだったらいいとも」と言ってくれるではないか。

世田谷とはいえ、表通りから一歩奥へ入ると田んぼだらけの時代で、東京といっても、生き馬の目を抜く悪人ばかりがいるわけではない。善良な市民が多かった。今日の世の中のように、金儲けだの競争だのという、血も涙もない渇いた東京ではなかったと思う。

この人は、見ず知らずの若造二人に、タダで事務所を使えと言ってくれたのだった。若兄ィは翌日、そこに「劇団泉」という小さな手作りの看板を掲げた。
しかし、新しい劇団をつくろうと言うがどうやって？
私には皆目、見当もつかないのだった。

エキストラ屋

そのうち撮影所への出入りが始まった。どういうツテで撮影所に出入りできるようになったのか分からなかったが、若兄ィの尻に付いていった。京王線調布駅から乗り換えて一つ目の終点が京王閣駅。駅のすぐ近くに大映撮影所があった。初めて見る、憧れの映画撮影所に興奮している自分が分かった。

撮影所の食堂で、美味しそうに饅頭を頬張っている人たちの姿を見た。実に美味しそうだ。饅頭は大きな透明な容器のてっぺんの小さな穴から蒸気が天に昇っている。蒸気には饅頭の香りがあった。初めて見たもので、饅頭は「肉まん」というものだった。

若兄ィも「美味そうだな。食べてみよう」と、肉まんを二つ買って、若兄ィと私は他人様の真似をして肉まんを二つに割って、ソースをかけた。初めて口にした肉まんの美味しかったことは今でも忘れない。世の中にこんなにうまいものがあったのかと。

最近知ったことだが、肉まんは饅頭ではない。パンだそうだ。中国から入ってきた中国式蒸しパンだそうで、「まん」は漢語の「饅頭《まんとう》」の「まん」だそうだが、饅頭は日本語でまんじゅうだから、饅頭のまんとも言えるとネットに説明してある。要するに、どっちでも良いということか。

ところで、どうして撮影所に来ていたのか。実は「劇団泉」と立派な看板を出したものの実態はエキストラ屋だった。

映画のシーンの通行人や祭り、群衆場面にはその他大勢の人が必要だ。映画会社には俳優課(部)、あるいは演技課(部)という俳優所属部門があって、いわゆる大部屋なるものが存在する。大部屋といってもまだ売れない俳優やニューフェイスなど映画会社が採用したれっきとした俳優が所属して、台詞がちょっとある小さな役、ちょい役、斬られ役などの役を担う部門だが、それ以外での、大部屋の俳優にはやらせるわけにはいかない通行人や群衆などを、アルバイトとして集めるのがエキストラということだった。

とりあえず若兄ィはエキストラ屋をやって収入を得た。その「劇団泉」であった。だから撮影所に来たのだった。

当時、エキストラの一次請負は、「黒騎プロ」や「早川プロ」だったと記憶する。

撮影所の製作主任などから「明日の撮影に百人集めてくれ」と指示されると、どうしても百人集めなければいけない。しかし、百人といってもそう簡単に集められるものではない。××組の一本ならいいが、製作が三本も四本も重なると、他の組からもエキストラの要請がある。二百人、三百人ということはザラだ。自分のところだけでは集め切れない。そこで、さらに下請けとでもいうのか、人集めをカバーしてくれるところが必要なのであった。

若兄ィはそこを狙ってのエキストラ業に乗り出したのだった。

しかし黒駒も早川も、そう簡単には仕事をくれない。何しろ昨日までまったく知らない新参者だ。昔も今も同じで、新参が業界に食い込むのは容易なことではない。

その頃の実力者は「黒駒のばあさん」だった。ばあさんといったが、ばあさんというにはほど遠い、格好のよい、怖い、若ばあさんだったという記憶がある。黒駒プロがクロキプロと存続しているようで、黒駒のばあさんはまだ健在で、この記事を知ったら、ばあさんといってごめんなさいである。

若兄ィは例のごとく人懐っこい性格もあって「ばあさん」に近づいていく。好奇心が旺盛なだけに、相手が誰であろうと臆することがない。黒駒のばあさんにも気安く話しかけて、ズーズー弁でトンチンカンなことを言うことで「あのバカ松が」と吐き捨てていた。バカ松というのは、黒駒のばあさんが最初に言ったのだ。

しかし「バカ松が……」と言いつつも、徐々に「若ちゃん、明日××人頼むね」と言われる関係を築いていったのだから、若松孝二には人間味があったのだろう。若兄ィと二人で駒澤大学や東京農大の寮に行って、「明日、エキストラのアルバイトをやりませんか?」とやったものである。

しかし、エキストラという人集めはそう簡単ではない。人が足りなくて学生のリーダー格に頭を下げて協力してもらったこともある。

翌朝、撮影現場に三十人現れるはずが、二十二、三人だったりする。すると若兄ィは黒駒のばあさんに、「三十人要請されたが二十六人しか集めることができませんでした。ゴメンなさい」

「仕方ないわね。若ちゃん、そんなことじゃ仕事まわせないわよ」

「スミマセン、今度ちゃんとやります」と若兄ィ。

「坊や、二十六人で報告して金貰って来いや」

「エエッ？　二十三人じゃないんですか？」と確かめると、若兄ィは「いいんだよ、二十六人にしておけ。三人分儲かるだろう。そのくらいのこと当たり前のことだ。五十人なら四十五人でいい。五人分はいただきだ」

当時、エキストラの日当は七、八百円ほどだったと思う。三人分水増しすると二千円以上余分に懐に入る。そのうえ、エキストラのピンハネがあり、結構な収入になったはずだ。私は単純に「若兄ィは凄い！」と、尊敬したものである。

振り返ると、若松孝二という男は、計算高く金を儲けるという生活力に長けていた。

そのときは何も感じず思いもしなかったが、私の収入は一円足りとも私の懐に入った試しがない。全部若兄ィが管理していたのだった。それでも不平不満などあろうはずもなく、そのような考えも頭のなかにはなく空っぽだった。

今日、大相撲人気が爆発しているが、その頃も人気力士がいた。「黒い弾丸」といわれた房錦。さしずめ今日の高安のような存在。

その頃、大映では房錦物語として『土俵物語』が撮影されていた。初めて映画の撮影現場を目の当たりにして、私はさらなる俳優への夢は広がったが、とうとう東京を去るまで俳優になる夢は叶わなかった。

映画館入場はトイレから

下北沢時代は私と若兄ィの、映画界入りまでの青春時代で、一番楽しかったと思う。映画館にもよく行った。南口商店街通りに映画館があった。確かエトワールという劇場ではなかったか。日本映画の三本立てをやっていた。

私と若兄ィは通常はお金を払って入っていたが、時折お金がないときなど、映画館の裏側のトイレ窓の格子をこじ開けて入った。格子は手で引っ張ると抜ける。とはいえ、窓は小さいうえ、地上から一・五メートルぐらいあるので、その辺に置いてある木箱などを土台にして頭から入った。若兄ィが下からお尻を持ち上げるのだ。若兄ィが入るときは、私がなかから肩などを掴んで引き上げるといった難儀さであったが、タダで入るのだからそれも仕方のないことだった。

そうして何回か、タダ入館をしているうちに、トイレの格子窓が頑丈になって入れなくなった。落胆していると映画館の支配人らしきおじさんが近付いてきて、「あんたらだな、壊して入っていたのは」と言ったが、別段咎めるふうでもない。

若兄ィが「スミマセン、金がなくて。映画が好きで観たかったもので、つい……」と頭を下げた。

支配人らしき人は「あんたら何をやってるの？　昼間からブラブラして」という。

「私ら劇団に行ってるんです。将来スターになろうと思って」と若兄ィ。

「ヘェー、スターにね。そうかい。そういうわけで映画を観たいんだな。よし分かった。観たい映画のときには俺に言いな、入れてあげる。なあに金なんかなくたっていい」

五、六十ぐらいのおじさんであったが、江戸っ子のように気風が良かった。それから何回か映画館にお世話になった。東京には良い人がいっぱいいたのであった。

いたずらもした。南口商店街から淡島へ行く一本奥に入った通りに大きな肉屋があった。私たち二人は渋谷や新宿で金もないのによく飲んでいた。安酒なのでお金も掛からなかったのかもしれない。なぜそのような行動をするようになったのか、まったく覚えがないのだが、酔っ払った帰りにわざわざ遠回りをしてその肉屋に行った。夜遅いのでいつも店は閉まりシャッターが降りていた。辺りは人通りもなくシーンと静まり返っていた。私ら二人は肉屋の前で大きな声を張り上げる。

「オーイ、出てこい！　もう寝てるのか！　ヤイ」と、足でシャッターを蹴りまくる。

静寂ななかで蹴られたシャッターのガラン、ガランという音が鳴り響いた。その行為をしつこく繰り返した。最初の頃は肉屋の二階から誰かが私らをちらっと見ていたが、それ一回きりで二度と顔を見せたりはしなかった。それをいいことに、さらに「出てこい！」と叫びながら交代でシャッターを蹴った。やがて捨て台詞を吐いて帰路につく。

このようなことを帰りに決まって繰り返した。肉屋はというと、警察に言うでもなく知らん振りをしていた。なぜなのか。不思議な肉屋であった。

「蹴られたシャッターの音はけたたましいが、シャッターが傷付いたり壊されたわけでもない」

「若者が田舎から出てきて、何かむしゃくしゃしてシャッターに当たっているんだろう」

「その内飽きて止めるだろう」

人の迷惑を顧みず、奇声を上げる若者に対し、憐れみを持って、やるがままにしていたのではないのか、そうとしか思えない。寛大さを見せた肉屋さんであったと思う。

六十年も経って、「肉屋さんあの時はごめんなさい」である。

かつかつ懸命に生きている俺が、あの肉屋さんに謝っといたよ。若兄ィ、それでいいだろう。

若松孝二とは本当の兄弟のように過ごしていた。

当時はアパートに風呂などが付いているはずもなく、夏など毎日が汗だくだった。ときおり三人で風呂屋に行くが、毎日というわけにはいかないので、下半身が特に不衛生を余儀なくされてしまう。熱さと汗ムレで「金玉袋」がインキンタムシにかかり、異常にかゆくなる。

そこで、H姉がインキン治療薬を買ってきた。若兄ィは下半身を丸出しにして、液体の薬を金玉袋に塗る。痛さで金玉が縮こまって悲鳴を上げる。「熱っ」と言いながら、おチンチンを手で持ち上げ、金玉袋にフーフーと息を吹きかけるも、痛さはとどまることを知らない。

堪えきれず、「坊や、うちわで扇いでくれよ」という。

夏はインキンでこのような光景が繰り広げられた。

若兄ィに限ったことではない。私も同じような状況に陥った。二人の無様な様子を尻目に、M・H姉さんが笑いこけている。

夏場はインキンにかからないように毎朝夕オルで身体を拭いた。シャワーもない。クーラーもない(ナショナルのクーラー一号機は一九五八[昭和三十三]年)。手頃な扇風機すらなかった。男二人にとってインキンは天敵で、ひたすら格闘していた。

それも想い起こせば若松孝二との楽しき一頁のように懐かしい。

「若兄ィ、アチラにいてもインキンと勝負してますか? なんならうちわで扇ぎましょうか」

M・H姉さんと私はとても気が合って仲が良かった。

若兄ィが出掛けていないときなど、「坊や、映画に行こうよ」と誘われ、二人で映画館に出向いた。そして食事をして帰った。

若兄ィは「俺のいないときに限って遊びに行っている」とヤキモチを妬いたこともあった。

そのM・H、そして若兄ィとの「別れ」が訪れることなど予想だにしないのに、突然、別れが現実のものとなったのであった。

「淡島を出て行かなくちゃ」

このような二人の凸凹コンビにも、突然、別れる日が来た。主な原因は若兄ィが忽然と姿を消したからだった。

M・Hのことを私はH姉さんと呼んでいた。

二、三日経って、二人で食事をしているときに、「H姉さん、若兄ィの姿がないがどこかへ行っているの？」と聞いた。

するとH姉さんは、「あのね、坊や、あのバカ松が……」と萎れて詳細を話してくれた。

自伝の『俺は手を汚す』『時効なし』のなかでは、「不法監禁、強盗傷害（傷人）」という罪名で逮捕されたと赤裸々に語っているが、実際は少し違う。違うが事実を明らかにすることを控える。いまさらこうだったと言ったところで仕方ない。

若いときはいろいろあらあな。そうだろう。ほかのことはいろいろ書くけど、この件に関しては、若松孝二が鬼籍に入っても、真実は「あの世まで」持っていかなければ。

今日、H姉さんが生きているのか他界しているか知る由もないが、H姉さんと共にあの世に持っていく、それがわれわれ三人の絆だ。それを知って、若兄ィのいない部屋でいつまでもH姉さんと二人で過ごすのはまずい。私は出て行くことを伝えた。

「ええ、なんで？　バカ松がいないから？　帰ってくるよアイツ。私一人じゃ心細いしイヤだわ。お願い一緒にいて。そのうち帰ってくるからアイツ」と哀願されては振り切っては行けない。

まったく心の通わない女《ひと》なら出て行っただろう。しかし、H姉は同じ西の九州は福岡が故郷だ。中国の広島、九州の福岡、何となく「西」同士ということから親近感があった。そのような感情もあって、若兄ィが戻ってくるまでいなくては、という気になって留まったのだった。

さらに一週間、十日と、時は過ぎていくが、若兄ィが帰ってくる気配が見られない。

H姉は、いわば兄嫁みたいなものだ。兄のいない兄嫁と六畳一間で、寝具は別でも一緒に寝るのは息が詰まるし心苦しい。私も十八、九歳という壮健な若者だ。兄嫁に対し、いつ豹変するかもしれない。

今の時代なら性も自由奔放で、間違いが起こってもおかしくない時代だが、まだ当時は、鶴田浩二のヒット曲「傷だらけの人生」には、

♪何から何まで　真暗闇よ　すじの通らぬ　ことばかり
右を向いても　左を見ても　莫迦と阿呆の　からみ合い
どこに男の　夢がある
台詞「好いた惚れたと、けだものごっこが罷《まか》り通る世の中でございます」
（作詞・藤田まさと、作曲・吉田正）

という台詞があるが、そうあってはならないという信念は強かった。けだものではない。

やはり、一つの屋根の下で、夜、年上の熟れた若兄ィの、いい女《ひと》と二人で過ごすのは息が詰まる。これ以上は、もう一緒におられない。どんよりと曇って、今にも雨が降りそうな寒いある日の夕方、H姉が仕事から帰ってくる前に、淡島のアパートを「寅さん」のようにカバン一つ持って出て行ったのだった。

当時は携帯電話などあるはずもなく、書き置きをしない限り連絡のしようもない時代だったから、私のほうから連絡しない限り、別れたままになる。無論、私のほうから連絡することはなかった。果たして二人(若松とM・H)がどうなったのか。また、私は五年、いや六年かはっきりしないが、一九六五(昭和四十)年までプツンと切れたままの関係で時は過ぎていった。

あとで知ることになるが、これをキッカケに三人はバラバラになり、それぞれ初心の人生を歩んでいくも、三人の人生は茨の道を余儀なくされていたのだった。

若兄ィと再会することになったのは昭和四十年、いや四十一年だったか、若松プロが設立されて間もない頃のことである。そのことは別章に譲って、物語の流れから、しばらく私一人の大都会での足掻《あがき》、苦難の人生に耳を傾けてほしい。都会の野良犬のように喘いで生きていく。その過程には、かぐや姫のヒット曲「神田川」のような生活も経験しながら、さながら都会のカラスそのものであった。

書き忘れたことが一つある。これだけはどうしても書いておかなくてはいけない。

若兄ィは、当初はH姉さんに心底から恋し、惚れていた。遊びや単なる同棲ではなく、将来を誓い合っていた。なぜなら、正式に結婚したい、それには先方(H姉さん側)の両親に挨拶しなくてはいけない、と二人は手を取り合って博多に行った事実がある。そして二人は喜々として戻ってきた。H姉さんが、「坊や、両親が許してくれて、あいつと正式に一緒になるんよ」と、嬉しそうに話してくれた表情が今でも瞼に浮かぶ。

惚れあった仲だから、長い人生、紆余曲折に直面しても、危機を切り抜けて、人生の最終ゴールまで行くだろうと思わせる恋愛であったと思う。

だからこそ私が、若兄ィの留守のあいだに飛び出しても大丈夫だろう、という確信もあったことを付記しておきたい。

第二章　それぞれの道

金の指輪

この本の主役は若松孝二だが……。

「お前の戯れ言なんか聞いてもクソにもならんし仕方ない。読む時間の無駄だ。その後の若ちゃんのことを話せや！」と言われるかもしれない。

しかし、あの時代、田舎者が大都会の大海原で野良犬やカラスのような生活を余儀なくされた「田舎者」はごまんといたはずだ。孤独に苛まれた経験もあるはずだ。しばらくは、若松孝二と再会し若松プロの映画作りの秘密の話に戻るまで、時間の無駄かもしれないが、話の流れでもあるので我慢して「弥山劇場」を見てほしい。

今は亡き、青春時代の若松孝二、そしてM・Hと三人で暮らした「淡島のアパート」を後にして、清家円三、板谷某の住む品川区豊町の「豊荘」(戸越銀座)で居候になった。三人は気が合った。瀬戸内海の潮の匂いが同じだったからかもしれないが。三人でしばし青春を謳歌していた。謳歌していたといえば遊んでばかりと聞こえるだろうが、三人はそれぞれの進む道を探っていた。

板ちゃんは青俳に通っていたし、清家さんは殺陣師に指導を受けていた。

私はというと、若松自伝に一回ほど「図師」という名が登場しているが、この図師さんというのは若兄ィのいうように、日活の『警察日記』の製作か何かをやった人ということだった。このことだけは若兄ィから直接聞いたもので図師さんからはそのような話は一言も聞いていない。若兄ィがどこで図師さんと知り合ったのか、私はまったく存じないので、若兄ィの話を事実と信じるほかないが、図師さんを若兄ィから紹介されていたのだ。

私たちは役者、俳優、大スターを夢見ていた。特に大スター、石原裕次郎を始め、小林旭、宍戸錠、長門裕之、小宮雄二などが活躍する若い日活に惹かれていた。私はその日活の俳優部(課)へ入りたかった。しかし、ツテもなく無為に時を過ごしていた頃、図師さんを知ることになった。したがって、ツテといえば図師さんのみだった。

図師さんは、私の要望に乗る気はなかったと思う。それはそうだろう。日活は正式な「ニューフエース募集」によって俳優を求めており、図師さんが日活にどれだけのコネが残っているのかどうか分からないが、仮に力が残っていたとしても、広島弁丸出しの田舎者を日活に紹介するという愚かな動きをするわけがない。

しかし純真な私は、その頃は図師さんを頼りにするよりほかに道はなかったので、図師さんに接近したが、のらりくらりでその気はないらしい。そして遂に会ってもくれなくなった。

思い余った私は、ある日、和泉多摩川の図師家に押しかけた。

家は平屋の小さな一軒家の佇まいで、同じ形式の一戸建がずらりと並んでいたので都営住宅かなんかではなかったかと思う。図師家は多摩川の傍らにあった。菓子折りを下げて恐る恐る来訪を告げると、図師夫人が出て来られた。ハッとするような物静かな日本画のモデルのようなすごい美人だった。私は若干もじもじしながら来訪の意を告げると、奥方は私のことを知っていた。図師さんが話したのだろうか。

「図師は今日夜遅くなると思います」と、奥方は言った。そう言われると「はぁ、そうですか……」と返すほかなかった。

落胆する私に、「ごめんなさいね、なかなか力になれなくて……」と、頭を垂れるように、弱々しく謝るのだった。迷惑をかけて謝らないといけないのは私のほうであるのに、奥方はそのような態度を見せた。

これも後で知ったことだが、奥方は若いとき、といってもまだ十分若い年齢のはずだが、日活の女優だったようだ。

しかし、生活は決して豊かには見えない。むしろ生活苦に喘いでいるふうにも感じたのだった。私は帰り際、咄嗟にいつもポケットに忍ばせている、家出をするとき、母から盗んだ金の指輪を反射的に、「良かったらこれを差し上げます。何かの用立てにしてください」と差し出した。

私の突然の申し出に図師夫人は驚いて、「それはいけません。いただくわけにはいかないわ」と、悲鳴のような声で断った。しかし、私は強引に奥方の掌に押し付けた。

「いけない……」と、喉の奥から呻くような声を漏らした。

「いいんです。受け取ってください。、さようなら」と言って、そこから飛び出すように図師家をあとにしたのであった。

遠くで振り返ると、図師夫人が家の前の道で呆然と立ち尽くしている姿が目に入ったのであった。

このことは若兄ィには言っていないし、まったく知らない事実である。

金の指輪に未練はなかった。東京に出て最悪のピンチのときに売ろうと、これだけはと大事に取っておいた唯一の財産であったが、図師夫人に差し出した指輪に未練はまったくなかった。

それから、図師さんのことはすっかり忘れていたが、ある日、図師さんから連絡が来た。電話がないと連絡のしようがない時代ではあったが、電報という手段があった。

ずっと後、私が製作スタッフのとき、役者への連絡手段は全部、電報だった。

「明日、九時に来てください」という場合は「アシタクジオコシコウ」と打った。電報を打つときは、朝日のア、新聞のシ、田んぼのタ、というように電文を申し込まないと、要領を得なかった。

売れていない俳優には電話などなかった時代だった。

図師さんからの電報には、「至急会いたい」とあった。どこだったかは覚えがないが、図師さんに会うと、「日活の俳優課長のNに会え」と言われた。Nとは懇意で委細は話していると言った。いまさらこうした過去の、相手の真情を鑑みないで記すのはいかがなものかという悩ましさもあるが、やはり話の流れからも、また「事実本」として、思い切って記した。

「図師さん、お元気ですか？　しょうもない男(弥山)は、不義理ばかりの人生で、最終コーナーを懸命にもがき生きてます。その節はありがとうございました」

日活撮影所からの電報

「天にも昇る心地」というのは、このときの気分をいうのであろうか。

それから、日活のN俳優課長に連絡をして、日活撮影所に初めて出向いた。京王線布田駅を出ると、見渡す限り田園風景で家など一軒もない。遥か遠くに白亜の建物が見える。それが日活撮影所だった。布田駅から日活撮影所までの道は畦道といっていい。その一本道を十五分くらい歩いたところに撮影所があった。

威厳を持った正門の守衛に来訪の旨を伝えると、俳優部のある棟を教えてくれた。すでにN課長は待っていた。課長といっても青年将校のようなキリッとした課長であった。すべて飲みこんでいた。雑談のなかで、いろいろと指導を受けた。

「全部こちらから話しておくので、次の人物に挨拶しておきなさい」と言われた。

俳優部長のY氏、プロデューサーのK氏、監督のN氏。三人の自宅を教えてもらって、菓子折りを下げて挨拶まわりを始めた。

俳優部長のY氏の自宅は、荻窪（だったと思う）の閑散な住宅街にあった。駐車場のあるかなりの豪邸だ。夜、訪ねるとY部長が二階の応接室に通してくれた。洋風の窓から外を見ると蘇鉄の樹が風に靡いていた。部長にいろいろ聞かれたが、何を言ったのか、ただ恐縮するばかりだった。

プロデューサーのK氏は俳優の和田浩治の担当だとかで千駄ヶ谷だったかのマンションに住んでいた。なかには入れてもらえず玄関での立ち話で挨拶した。

監督のN氏は梅ヶ丘に自宅があった。小林旭の『銀座旋風児』などの監督で、丁重に応接室へ招き入れてくれた。この監督が私の日活入りの推薦人になってくれるとは、そのときはまったく思いもしなかったが、推薦人になってくれてた。しかし、その理由は今もって知らない。見も知らぬ地方の田舎青年の私を、日活俳優部への推薦をしてくれたN監督は、一九六七（昭和四十二）年、五十四歳でこの世を去っていたことを、本書を書くまで知らなかった。

一九六七（昭和四十二）年といえば、私が若松プロの製作主任をしていたときであるにも関わらず、N先生が亡くなっていたことなど露知らず、葬儀にも行けなかった。罰当たりな自分が腹立たしい。

三人に挨拶まわりをしても、その後、うんともすんとも音沙汰なしであった。

いまでもはっきりとその光景が甦るが、その日は戸越銀座・豊荘の三人は、朝寄り合って、ラジオを聴きながらミルクを飲んでいた。ミルクは板ちゃんの命の綱のような栄養補給の源であった。

板ちゃんからミルクのおすそ分けで、ラジオから流れてくるフランク永井の「夜霧に消えたチャコ」を聴いていたとき、私宛の電報が届いたのだった。

「何だろう?」胸がドギマギする。悪いことか良いことか。発信元は日活・Nとなっていた。心臓がはち切れんばかりの鼓動がする。

電報を開くと「入社前提の健康診断などをするので×時に来い」という内容だった。「破顔一笑」というのは、このときのことだった。

清家さんと板ちゃんは「やったね、すごい!」とわが事のように祝福してくれた。

プロデューサーも監督も主役もすごい

東映の大作時代劇『柳生一族の陰謀』(深作欣二監督)のクライマックスに、三代将軍徳川家光(松方弘樹)の首を柳生但馬守(萬屋錦之介)が刎《は》ねて転がす場面があるが、但馬守は家光の首を持って、「夢じゃ夢じゃ、これは夢でござる」という場面があるが、日活からの連絡は私にとってまさに「これは夢でござる(夢ではないか?)」というものだった。

『柳生一族の陰謀』は面白い一級品の作品だ。私も東映時代劇をたくさん観てきたが、ナンバーワンに挙げてもいいくらいに面白い。映画は芸術ともいわれ否定もしないが、映画の基本は娯楽だ。面白い娯楽作品こそ大称賛すべきだと思う。

『柳生一族の陰謀』のプロデューサー日下部五朗の著書『シネマの極道』で、エピソードが書かれている。あまりに面白いので紹介したい。映画『柳生一族の陰謀』のクライマックスは——。

『ゴッドファーザー』の、敵役のベッドに馬の首が転がる、血も凍るショッキングな場面、あの有名なシーンをもう一度やりたかった。『日本の首領』第一部でもやったのだが、中島貞夫監督の演出は軽く喜劇調にしており、わたしにはいささか不満だったのだ。ヘンな言い方だが、きちんと生首を出して、観客にショックを与える場面を作りたい。

誰の首を転がすのが一番ショッキングかと言えば、柳生但馬守が一族繁栄のために最も大切にした家光だろう。史実は無視していいから、家光の首が転がって驚愕する但馬守、というラストから逆算してくれと頼み、野上龍雄さん、松田寛夫さんに深作監督も入っての脚本はいいものができあがった。作さんがホンに注文をつけなかったのは『仁義なき戦い』とこの時だけである。陰謀と殺戮と外交戦術が渦巻く中でさまざまな立場の登場人物が入り乱れて、時代劇版『仁義なき戦い』というオモムキもあった。

主演俳優について、プロデューサーというのは、候補をだいたい三番手まで考えているものだ。この場合、〈東映時代劇復活！〉と謳いやすくなるから何を措いてもまず中村錦之助改メ萬屋錦之介、次に鶴田浩二、その次が仲代達矢さんだった。脚本を気に入ってくれて、うまく錦ちゃんがＯＫと言ってくれた。かくて十二年ぶりに京都撮影所へ錦之介が帰ってきて、往年の時代劇スタッフ一同、

「若旦那、お帰りなさい！」

と涙ながらに迎えたのはなかなか感動的な光景であり、マスコミにも大きく取り上げられて幸先が良かった。

ところが撮影が始まると、作さんと錦ちゃんがうまく行かない。錦ちゃんのいわば文語体の芝居が、日常会話的な口語体の演出を旨とする深作欣二の気に入らない。しかし作さんが何と言おうと、錦ちゃんは自分のスタイルを変えないのだ。周りで松方弘樹や千葉真一がいつもの深作映画調の演技をしても、「そっちはそっちでおやり下さい」とばかりにまるで動じず、己のセリフ回しや所作で押し通した。

「もう我慢できん、主役を代えてくれ！」

撮影が始まっているのに冗談ではない。

プロデューサー権限で一日撮休にして、監督と酒を飲みながら、

「錦之介いうたら日本一の時代劇役者で、伊藤大輔が惚れ込み、内田吐夢が惚れ込み、田坂具隆が惚れ込み、今井正が惚れ込み、巨匠たちがみんな惚れ込んで、使いこなして幾多の名作を作ってきたスターやないの。作さん、あんた、いまや現代の巨匠やないか、なんで使いこなせんの！」

必死で説得しているうちに、作さんも酔っ払ってきて曖昧になって、一日休んだだけで事なきを得た。それどころか、ラストシーンが撮影全体のラストカットだったのだが、例の錦之介

が家光の首を抱いての、

「夢じゃ、夢じゃ、これは夢でござる‼」

という大芝居をアップからクレーンで引いていってバシッと決めた頃には、作さんは錦ちゃんに心底惚れ込んでいた。クレーンから降りてきた監督、笑顔で曰く、

「五朗ちゃん。錦之介、ベリーグッド！」

わたしがあまりの変貌ぶりに唖然としていると、作さん続けて、

「やっぱり、ああいう演技じゃなけりゃ、あの決めゼリフは保たないなあ」

なんて。

首の扱いもバッチリで、作さんとしても『仁義なき戦い』と並ぶ大傑作だろう。蓋を開けてみると、期待以上の大ヒットになった——。

どうですか、面白いでしょう。面白くなくても「へえ」と興味を誘ったでしょう。映画づくりの裏ではこのようなことが日常茶飯事なのだ。

映画(テレビでも)は、プロデューサーと監督が親分だ。相撲界の地位に例えれば、東の横綱がプロデューサーで、西の横綱が監督だ。二人の四つ相撲で観客を喜ばす、そういった裏話もある、と思って観れば映画の面白さ、映画界への興味は募るのではなかろうか。

日活俳優部へ入社

胸を踊らせて日活撮影所に赴いた。一九六一（昭和三十六）年の春先だったと思う。

N俳優課長は、「〈ニューフェイス〉を募集しているが、君の場合は別枠だよ。君の推薦人はN・H監督とKプロデューサーになっている。感謝しなくてはいけないよ」みたいなことを言われた。

ニューフェイスというのは第五期のことだった。五期のニューフェイスによってスターになったのが高橋英樹。私も推薦とはいえ、入社すれば高橋英樹と大部屋の同期になる。もっとも、高橋がスターになっても私が「スター」になれるはずもないが、同期になるということだけでも嬉しいではないか。

これは戯れ言であるが、事実はそういうことであったと思う。

さて現実には、撮影所には診療所があった。そこでレントゲンを撮られたりと、健康診断を受けた。その足で写真部（撮影部ではない）で、何十枚ものポーズを変えた顔写真を撮られた。

N俳優課長は、「これですべて済んだが、検査で特に何もなかったら君がうちに入る条件はクリアだ。また連絡するので食事でもして帰りなさい」と、食券を渡してくれて、もう入社が決定したように接してくれたのだった。

私は、宙に舞ったような気分で、食堂で食事をして撮影所をあとにしたのだった。

「これで日活の俳優部（大部屋か？）に入れる」と思うと、天にも昇る思いだった……はずだ。

俳優学校や芸能専門学校へ通ったわけじゃない。劇団で芝居を習ったわけじゃない。夢という気持ち以外何もないのに、日活俳優部へ入れてくれるようだ。

映画づくりの現場にはエキストラは付きものだ。田舎者の若者が俳優に成りたがっている。熱心だから「可愛がってやるか」と、社会にまだ情のあった時代だからこそ、弟子でも知り合いでも親戚でもない、いわば得体の知れない地方出身の若者に手を差し伸べてくれたのだろう。

あるいは、専属でエキストラの代わりに、ということを考慮して受け付けたのかも知れなかった。そのような思慮もあったなら話は分かる気がする。それにしても、その頃の私、ポッと出の田舎青年が日活俳優部に入れるわけがない。

であるのに、無条件にN課長、Y部長、N監督、Kプロデューサーが、応援、推薦してくれたのだった。このような不思議なことが起こったのであった。

肺結核で夢が消える

数日が過ぎていく。また電報が届いた。いよいよ正式入社か。

撮影所に出向くと、N課長の表情が暗い。急に不安になった。

N課長はテーブルに置かれた大きな封筒からレントゲン写真を取り出した。

「弥山クン、君、肺病(結核)にかかってるじゃないか。ホレ、ここに……」とレントゲン写真の、黒い斑点が写っているその箇所を指さした。

言葉が出ない。どう応えていいのか。

「俺が肺病？　嘘じゃないのか何かの間違いではないのか？」ただ、茫然自失……。

「俳優の仕事は生やさしい仕事じゃない。思っている以上にハードなんだ。肺病じゃどうしようもない。折角うまく進んでいたのに。これればかりは僕には何もできない……残念だけど、しっかり治してまた訪ねていらっしゃい」

という言葉が、遠いところでボーッと聴こえてくるようだった。

「これ、写真だよ。いい写真だったのに……」と。2Lサイズの写真を何枚か持たせてくれた。ブロマイド写真と同じようだった。写真ははにかむような、浜田光夫と比べても劣らないと思うほど美青年の〈青春〉の表情で撮られていた。

撮影所から、どこをどうやって帰ったのかまったく覚えていない。畦道をトボトボと、萎れて、あるいは泣き顔で「夢遊病者」のように戻ったはずだ。


肺病・結核の前兆はあった。そのころずっと、ひどい寝汗をかいた。ひどい、というのは朝起きるとシーツに汗が、人間の姿そっくりに描かれているほど、大汗をかく日が続いていた。

清家さんが「お前、大丈夫か？」と心配したこともあった。

しかし、たまたまの大汗で、よもや「結核」に冒されているとは夢にも思わなかった。すでにそのとき、結核に冒されていたのだった。早く知ったからといってどうなるものではなかったが、それでも結核を治さなくてはという意識はあった。おめおめと田舎へは帰れない。自力で治す方法を考えとないといけない。

肺結核がどのようなものか、初めての体験ゆえ不安だった。映画などでは、肺結核は不治の病、死病としてよく描かれているのを観た記憶もある。空気のよい郊外で長期療養する――。それには入院が必要だ。国民保険があったのかどうか知らないし、だいたい病気とは無縁で、東京へ出て風邪ひとつ引いたことがないので病院や薬屋とも縁がない。それなのに……入院しなければならない。いろいろ聞いてみると、自費で病院にかかれない。健康保険、社会保険が必要だといわれた。

社会保険証を手にするには、会社勤めをし、最低三カ月経たないと保険証はもらえないというようなことを、誰に聞いたのか定かではないがそう教わった。

「急いで病院にかからないといけない。すぐどこかへ勤めよう」といっても、どこへ勤めてよいのか、何も分からない。

「そうだ、新聞の求人欄を見よう」

スポーツ新聞だったか、あるいは「ゲンダイ」や「フジ」のような新聞だったか……「内外タイムズ」か、ソニーのトランジスターラジオを組み立てる「内外電機」という会社に目が止まった。

「どうせ短期のつもり、保険証を貰うまでの勤めだ」と腹を括っていたので、外に出るより、工場内の仕事が良いと、その会社に決めたのだった。人手不足だったかどうかは知らないが、簡単な履歴書を持って、用賀にある会社を訪ねると、総務の年輩の方の面談を受け、即入社が決まった。

翌朝から会社に出た。カーキ色の制服をもらって工場へ行く。仕事は流れ作業でどういう流れなのか分からないが、最終工程のトランジスターラジオがダンボール箱に詰められて、一個ごとローラーから流れてくる製品を受け止め、横に置かれているパレットに積み重ねていく仕事だった。

単純作業ではあったが、製品が次々と流れてくるので、ボヤッとはしていられなかった。このような仕事を三カ月したら辞めることにしていたので、少しでも会社のために働こうと昼夜通して働いた。

ちょうど三カ月経って、総務部へ行って社会保険証を要望した。総務のおじさんが、「いいよ、つくっておこう」と応じてくれる。数日経つと総務から呼ばれ、保険証をもらった。初めてみる社会健康保険証だった。「これで入院できる」と内心、ホッとしていたはずだ。

保険証をもらったからといってすぐ辞めるのもおかしいと、数日経って辞職を申し出た。件のおじさんが理由を聞いた。私は素直に事情を話すと、「そうか、そんな事情でうちに来たんだね。君のような若い人が来てくれたのを不思議に思っていた」と言われた。

私は「スミマセン……」と頭を下げる以外なかった。

「いいよ、病気治して、うちへ来る気があったらまたいらっしゃい」と、逆にとても優しい言葉をかけられたのだった。

無い無いづくしの入院

内外電機を辞めてすぐ、国立目黒第二病院で診察を受けたら、やはり肺結核で「すぐに入院しなさい」という診断が下された。そして一年の入院が必要だと言われた。どのような手続きをして、どうやって入院したのか、さっぱり思い出せない。分かっているのは、確か十人部屋で、窓際のベッドに連れていかれ、看護婦から「着替えてくださいね」と言われたが着替えなど、洗面器にしても持ってきていないし、持ってくることも知らなかった。寝間着に着替えろと言われても寝間着もない。看護婦が呆れて「うちの人から持ってきてもらいなさい」と言われても、うちの人なんかいるわけがない。病院についてはまったく無知であった。

入院して二日間ぐらいはズボンのまま寝た。同室の患者から怪訝な目で見られたものだ。三日目ぐらいだろうか、内外電機の若い(私より三つ四つ年上か)女性事務員がお見舞に訪れた。彼女は私の何もない様子を見て驚き帰って行った。

二、三日後にまた件の彼女が訪れた。風呂敷から寝間着を出して私に「これを着て」と言った。

彼女は和洋服の仕立てができるようで、自分で作った、と言った。洗面容器も揃えてくれた。彼女は新潟から出てきて、まだ独身者とのことだった。独身だから同じ田舎出ということが相通じて優しくしてくれているのだろうか、入院していた間にそう解釈していた。

一週間に一度必ず訪れてくれる。いつの間にか、恋心を抱くようになっていた。ふと、退院したら彼女のところへ転がり込んでもいいかな、と勝手に思い込んだ。

肺結核は三カ月で菌の黒い斑点の影がうすくなった。主治医の佐藤先生が「若いから治りが早いようだ」と言った。

入院中に知ったことだが、不治の病といわれた結核は、「ストマイ(ストレプトマイシン)」の発見、適用されるようになって不治伝染病は完全に治るようになったと同室患者から聞いた。私の肺結核はラッキーな時代になったことに喜びを感じていたはずだ。

肺結核は八カ月で完全に完治したことで退院した。このことは彼女に一言も告げず、とても世話を焼いてもらいながら、お礼の一言も……恋心すら抱いていたにもかかわらず。

入院中、彼女から、「退院したらどうするの?」と、聞かれたことがあった。ひょっとすると「面倒見てあげる」と思っていた節《ふし》もあった。であるのに、越後の彼の女の真情など顧みず、無情にも、からっ風が吹き抜けていくように、黙って消えたのだった。清家や板ちゃんにも入院することも退院したことも伝えず去ってもいた。

なぜそうしたのか、振り返っても分からない。

仁義や礼儀を知らない若者だったのだろうか。入院していたとき、入院中の仲間のラジオから橋幸夫・吉永小百合『いつでも夢を』のデュエット曲が盛んに流れていたから昭和三十六年のことだと思う。阿呆な若者であった。

退院してすぐに日活のN課長に報告に行けばいいものを、そうすれば日活俳優部に入社できたかも知れないのに。なぜか、日活にも報告に行かず、そのままにしていた。「運」を自ら放棄していたのだった。

こうして五、六十年前を振り返り、想い出していても時系列が前後してうまく合わない。話は若干前後しているだろうが、時がパッと飛んで、それからの生活の場は、五人組の一人、若兄ィとあまりそりが合わなかった、笹塚の村上生、生兄のところへ身を寄せていた。

ちょい役で藤田進と

その頃、生兄ィは共同テレビでフジテレビの子供番組映画の制作担当のようなポストで仕事をしていた。それで、生兄が、実写版『鉄腕アトム』の悪人方「ZZZ団」の一員などの仕事をあてがってくれた。このとき『鉄腕アトム』、のちにピンク映画の監督になる、俳優の梅沢薫も「ZZZ団」の一員だった、と思う。話を交わした記憶がある。

ずっと後のことだが、私が若松プロに入ったとき、若松プロで梅沢薫と出会った。梅沢は監督に変身していた。梅沢は私の姿を見て「アリャ」と驚いていた。私のことを覚えていたのだ。逆に私は「見たことのある人だ……」と思ったが、どこで見かけたのか思い出せない。やっと思い出して気がついたのが『鉄腕アトム』で一緒だったということだった。

俳優の道を歩んでいた梅沢は、俳優を諦めピンクとはいえ映画監督に転身したのだった。

監督への道は、若松監督の『悪のもだえ』『赤い犯行』『壁の中の秘事』などで助監督につき、一九六五(昭和四十)年『十代の呻吟』(国映)で、監督としてデビューした。ピンク映画への転身は多分、生活のためではなかったか、と思う。やはり「人生、いろいろ」である。

村上生兄ィは『ひたすらの道』という文化映画のプロデューサーを担当した。監督は大岩（厳？）で大岩先生は確か東宝のレッドパージにあって再起に悶えていた頃だった。どういう関係かは知らないが、生兄ィは池尻の先生の家に出入りしていた。そういった関係で私も大岩家へ出入りした。青山に三坪ほどの小さな事務所を借りて、大岩先生を信奉する経理の××さん（名前を失念）に、生兄ィと私の四人が、「大岩一家」として明日を夢見てもがいていた。

大岩先生がレッドパージの時、監督なのか助監督だったかはっきりしないが、一本撮ることにあえいでいた。ちなみに、大岩先生のお嬢さん（明子？）、とても清楚な感じのお嬢さんは、日本映画監督協会に勤めていた。生兄ィと明子さんは顔を合わすとお互いに何かを愚痴る仲だったが、明子さんのほうが段々と生兄ィに惹かれていくようだった。その後、私は大岩一家から離れていったので、二人の仲がどうなったのかは知らない。ひょっとしたら夫婦になっているのかもしれないが。

大岩先生は映画『ひたすらの道』を監督することになった。主演は藤田進と折原啓子で、山間地域の郵便局夫婦の話だった。大スター藤田進は当然知っていたが、折原啓子は知らなかった。すると誰だったか「折原さんは大女優で歌手でもあるんだ」と教えてくれて、何も知らない自分が恥ずかしかった。

撮影は群馬県桐生市の山村でオールロケ。大岩先生は私に役をくれた。ちょい役の電気工事員。特定郵便局長の藤田進が山村の道から歩いてくる。電柱の上で電気工事をしている工員が局長に大きな声をかける。

「局長さんよ～、どこへ行くだ?」

「あー、これから下のほうにな」

「気をつけて行きんさいよ」

たった一場面の、ちょい役が私の役だ。

工員になりきって芝居をしたがNG。三回目でようやくOKという体たらく。俳優への夢を断ち切る決断をしたのだった。そして、監督ではなく、改めてプロデューサーを目指すと誓った。

改めてというのは、入院していたとき、「もう俳優は駄目かも……駄目なら作る側のスタッフになろう。なるならプロデューサーだ」と、漠然と思っていたからだった。

なぜプロデューサーなのか。あまり深く考えてのことではない。単にプロデューサーが一番偉いと思ったまでのことだ。こんなことを言うと初めからプロデューサーを目指した善良な人に申し訳ないが、そのときは単純にそのような考えで、先はプロデューサーと決めたのだった。

その頃、若兄ィ、若松孝二(自伝で知ったことだが)は、テレビ映画の雑役係(製作係)から、『矢車剣之助』で初めて助監督(クレジットはなし)になっていた。

若兄ィの監督作品

一九六三(昭和三十八)年、東京は翌三十九年の「東京オリンピック」を間近に控え、都市改造整備が急ピッチで、仕上げにかかっていた。

この年、一般映画は、東映の今井正監督『武士道残酷物語』(主演・萬屋錦之介)が七月二日、第十三回ベルリン映画祭で金熊賞を受賞。ほかに東宝の黒澤明監督『天国と地獄』(主演・三船敏郎、香川京子)、東映の田坂具隆監督『五番町夕霧楼』(主演・佐久間良子、河原崎長一郎)、日活の今村昌平監督『にっぽん昆虫記』などの力作が揃った。また、石原裕次郎が日活を退社し「石原プロモーション」を設立、第一回作品はヨットによる太平洋単独横断を成し遂げた堀江謙一の『太平洋ひとりぼっち』(主演・石原裕次郎、市川崑監督)を製作し、「第十八回芸術祭賞」「ブルーリボン企画賞」を受賞するなど力作を世に出した年であった。

同じくこの年、若兄ィこと若松孝二がピンク映画監督としてデビューした。作品は東京企画製作の『甘い罠』(主演・香取環、睦五郎)。最初にも記したが、私たちと同じように、若松孝二はもともと役者を目指していた。しかし、役者や俳優への夢に挫折し、私がプロデューサーになることに切り替えたように、若松もまた製作部から助監督になっていた。そして助監督若松孝二は、ピンク映画とはいえ、監督としてデビューしていたのだった。

その経緯を、『若松孝二・俺は手を汚す』で次のように語っている。

若松はテレビ映画製作のトラブルで嫌気が差して、仕事もせず遊んでいた矢先、

するとと三田って男から電話かかってきて、久し振りに会おうかってことになった。その男、テレビ映画にタレントなんかを出してくれたやつなんだけど「きみ、監督しないか?」って言い

出した。

「監督って、何の監督だ？」

「映画のだよ」

「アホか、オレ、映画の監督なんてやれるわけないじゃないか」

「そんなことない」って三田が言った。

それまでテレビ映画で、たまにちょこっと監督の代わりに撮ったり、仕上げをやったりはいくらかしたことがあった。忙しくなると、撮影やってる間に、一方でアフレコやったりダビングやったりする。そういう二本立てでやってたから、いちおうは全部B班みたいな感じでやったことがあったわけですよ。

でも、とにかく「監督はできねえ」って繰返して言った。

「きみならできる。きみの仕事を見てきてると、できるからもうヤレ！」ってしつこく言うわけだ。

こっちも、そのうちかなりその気になっちゃってね、「どういうのやるんだ？」って聞いたら、「女の子をね、ちょっと裸にするところがあればいい」って言うんだ。

その前に俺、ピンク映画みたいなのを助監督で一本やってたんだ、新東宝の人でその後テレビに戻った監督とね。これがすごくヒットしたらしいんだよね。そういう関係がちょっと絡んでその話になったとは思った。

で、結局、それが初監督作品になる『甘い罠』を撮った――

私はそのようなことを露ほども知らなかった。若兄ィがピンク映画の監督になったということを新聞か何かで知ったのだったか。一年後、十二本目と作品となるはずだった『誤審』の撮影中、脱獄囚を演じる高須賀忍と赤尾関三の二人が、お互いの腕に手錠が繋がれたまま渓谷を渡るシーンで事故が起こった。浅い急流を渡っていたが、急に深くなったところで足を滑らせ、流れに呑まれて亡くなったという痛々しい記事で知ったのだった。

「そうか、若兄ィは監督になっていたのか……」という感慨しかなく、なぜか懐かしいとは思わなかった。それぞれの歩んだ道が違っていたからかもしれない。自己の置かれた現状の打破でいっぱいだったからかもしれない。すべてにおいて「余裕」がなかったからだと思う。というのも、私は死病といわれた肺結核によって俳優への夢を断たれ、プロデューサーになる決意をした。その間、村上生兄ィの庇護の元で役者の真似事をしていた。

気がつけば、現実には大井町の中国人(黄さん)の経営するパチンコ屋に住み込んでいたのだった。パチンコ屋を経営する職住一体のアットホームな一家で、私を家族のように扱ってくれた。二、三カ月という短い期間だったが、その間、私の境遇を知った大将が、「映画をやっている人と親しいから紹介してあげよう」と言ったのだった。

中国人プロデューサー

ある日、王《ワン》さんという五十歳ぐらいの人が来て、当家の二階で黄さん一家と食事を共にした。

その王さんの言うには、「自分は香港の映画会社ショウ・ブラザーズのプロデューサーの立場にある。今度、日本でオールロケの映画を作ることになっている。監督は井上梅次で決まっているが、あなたさえよかったらスタッフに加わってください」というものだった。

パチンコ屋の大将は、ただの大将ではなかった。中国人は世界の国々、異国で「中国人租界」をつくり、情報と人脈を大切にして助け合っている。どんなに偉い人でも、傲慢に振る舞うことなく爪を隠し、「謝謝《シェイシェイ》」とニコニコして、一介の平凡な中国人を演じて生きている。

王さんも情の厚い、懐の深い人物のようだ。王さんは日本語が堪能だった。そして、よく日活の大スター石原裕次郎と双璧の小林旭が唄う『さすらい』を口ずさんでいた。

♪一、夜がまた来る　思い出つれて　おれを泣かせに　足音もなく
　　何をいまさら　つらくはないが　旅の灯りが　遠く　遠くうるむよ
　二、知らぬ他国を　流れながれて　過ぎてゆくのさ　夜風のように
　　恋に生きたら　楽しかろうが　どうせ死ぬまで　ひとり　ひとりぼっちさ
　　　（作詞・西沢爽、作曲・狛林正一、唄・小林旭、映画『南海の狼火』主題歌）

王さんは「日本の歌のなかで一番好きな歌です。僕の人生に当てはまるようで……」と、人生の含蓄みたいなことを何気なく言ったことがあった。

このような人物がパチンコ屋の大将と繋がっている。止むに止まれずパチンコ屋に住み込んだことが思わぬ幸運に繋がった。幸運は縁からである。縁はどこからでも生まれる。しかし、縁を大切にしなければひらく幸運も閉じたままで終わる。

「縁を大切にしなければ」と、そのとき思ったかどうかは分からない。何も思わなかったと思う。未熟のままフラフラと彷徨っていただけ。東京での夢に破れて広島に帰って、事業を立ち上げて、縁で仕事を貰いながら、まだ縁の大切に気づかない。「縁あればこそ」と自覚したのは事業に失敗して気づくという、どうしようもない体たらくな人間であった。

ショウ・ブラザーズの日本事務所は東京駅八重洲口にあった。パチンコ屋をやめて、そこへ出入りするようになった。そして、いよいよ撮影開始だ。王さんを含めて製作陣は三、四名。その他のスタッフは井上梅次監督始めオール日本。香港の男女スターが数十名来日し、雪国の湯沢、大町（槍ヶ岳・菅平）、箱根など大ロケを三、四カ月敢行した。

題名は『女好春色』（全スタッフの完成記念写真の看板には「女好春色完成」とある）で、漢字で連想するとエロっぽくてピンク映画かと思われるかもしれないが、ピンクであろうはずもない。れっきとした娯楽大作だ。香港映画二本、日本で撮影したが、香港で公開された題名は『香江花月夜』『花月良宵』となっていたようだ。

私はというと「なんでも屋」の製作部だった。

製作担当者は井上梅次監督が指名した京都松竹映画の製作担当の超大物。性格は実に温厚な人で、「これはこうしたほうがよろしゅうまっせ」と京都弁で話す〈西の渡辺〉と異名を持つ人の下で製作のいろはを学んだ。

井上監督は、石原裕次郎の初期の作品を担当し、『嵐を呼ぶ男』を大ヒットさせ、裕次郎のスターとしての地位を確立させた。井上監督の作品数は、戦後の映画監督としては日本一である(ピンク映画系を除く)。

夫人は広島市出身の月丘夢路。香港の二本の作品完成で井上監督は、全スタッフを世田谷・大蔵の丘にある大邸宅に招いた。家での監督は麦わら帽に半パンという、農夫そのままの出で立ちでスタッフを迎え、料理を振る舞ってくれた。

なぜ私のことを知っていたのか、さっぱり解せないのだが、井上監督夫人の月丘さんが、「あなた広島出身だってね。私も広島よ。広島人って映画界にはずいぶんいらっしゃるのよ。仲良くしましょう」と話しかけてくれたのにはたいへん驚いた記憶がある。

ずっとのちになってのことだが、広島出身の岡田茂東映会長(当時)から、「あんた広島人だって? 広島人ならなんでわしのところへ相談に来んかったんか。広島人は情が深くて結束力が強いんじゃ」と、広島弁で叱咤されたことがあった。

東北新社で渡辺護を知る

その後、外国映画の日本語吹替製作の大手会社の東北新社が、まだ新橋に本社があった頃、社長の植村伴次郎は、フジテレビとの共同製作でテレビ映画に進出した。『戦国群盗伝』(出演・内田良平、江見俊太郎、矢野圭二、名和宏、丘さとみ等)二十六話と『無法松の一生』(出演・南原宏治、南田洋子)十三話であった。監督は共に土居通芳。土居監督は新東宝最後の映画『地平線がぎらぎらっ』の監督だ。撮影時から体調が悪いように見受けられたが、約十年後の一九七五(昭和五十)年に四十六歳の若さで没している。

製作本部は東北新社内に置かれたが、そのときに先行スタッフに遅れて、演技事務として入ってきたのが、のちにピンク映画監督に転身した渡辺護である(渡辺の経歴にはこのようなことは記されてはいない)。世に出るまで仮の姿があるものだ。

演技事務というのは撮影現場には出ない。一日中デスクで、助監督から配役の決まっていない、ちょい役やエキストラ要員を知らされ、手配したり、場合によっては役者のスケジュール調整をするという仕事だ。

私は渡辺と何回か会話をした。曰く「アルバイトのつもりで腰かけているんだ」と。

態度は横柄で、やたらとタバコを吸い、その灰を床に落とすだらしなさ。はっきりと記せばスタッフ全員からの嫌われ者だった。

私をあきらかに年下と見たのか、ちょっと見下したような態度を見せた。とにかく偉そうだった。

その彼が「コレ（撮影）終わったらどこか行くところあるの？」と訊いてきた。先のことは考えていなかったので「特に……」と生半可な答えに、「今度、僕が映画を撮るかもしれない。一緒にやるか？」と問いかけた。

映画を撮るという意味も分からなかったし、だいたい横柄な態度が気に入らず、その気もないので「そうですね」みたいなことを言って茶を濁した。

彼の映画経歴によると、その後、すぐピンク映画『殺られる女』（南部泰三監督）の助監督になっていた。そして扇映画で『あばずれ』（飛鳥公子主演）で監督デビューしている。

渡辺の実家は北区王子の映画館である。学歴は早稲田大学文学部演劇学科だ。舞台俳優から監督になった。一九八九（平成元）年公開の『生板本番かぶりつき』を最後にピンク映画の世界に終止符を打ち、その後は『紅蓮華』で一般映画に転じ、日活『害虫』を監督している。二〇一三（平成二十五）年十二月、八十五歳で他界。

渡辺を「ピンク映画監督」と軽蔑するむきもあるが、みな本来の夢への道がひらけずに仮の姿で仕事するが、一般映画へ転ずるのは「ハァ、ハァ……」というピンク映画監督業に満足しないからである。生活のための仮の姿ではないのか。映画監督を目指す人は、監督・演出業を学ぶということで、ピンク映画の助監督として修業し、「監督」という肩書を得るため、一本か二本ピンク映画で監督デビューする。そしてその後、チャンスがあれば一般映画に移る。

例えば、『ガキ帝国』『岸和田少年愚連隊』の井筒和幸、『相棒』の和泉聖治、アカデミー賞（外国映画賞)を受賞した『おくりびと』の滝田洋二郎、『赤い玉』の高橋伴明、『Shall we ダンス?』の周防正行ら、今をときめく監督たち全員、ピンク映画でデビューあるいは修業して、一般映画の監督として地歩を築いた。二〇一八(平成三十)年初春、『サニー/32』を放つ白石和彌監督は若松孝二の下で修業した一人として知られる。その他、ピンク出身の監督は目白押しである。

監督ばかりではない。俳優もピンク映画出身者は多い。有名人では、にっかつロマンポルノでデビューし、十三、四本のロマンポルノで主役を演じた風間杜夫。ピンク映画でデビューし、約七十本のピンク映画に出演した大杉漣。しかし、風間も大杉もデビューまでは有名劇団の研究生や劇団員として勉強している。ピンク映画系の出身ではあるが、今日ではメジャーで名優としての地位を不動にしているのだ。

世の中には表と裏がある。光と闇、善と悪、天と地、右と左、凸と凹、男と女というように。差別するわけではないが、夜中の丑三つ時に、ゴソゴソ行動するより、御天道様の下で活動するほうが健康的ではないだろうか。

基本的には誰もが表舞台での名声を欲する。ピンクは裏で、一般映画が表だろう。だからこそ、チャンスがあれば表というメジャーに転身するのではないか。

山下治監督との出会い

かくいう私も、実は『無法松の一生』の後、ピンク映画への参入を余儀なくされたのであった。

ピンク映画の山下治監督から「弥山、ちょっと手伝ってくれよ」と誘われたことから、ピンク映画界で糧を得ることになった。たぶん、山下監督は『戯れ』というピンク映画の監督中に、助監督といえる人物がいないことから、私を思い出したようだった。通常、ピンク映画のスタッフは七、八人程度。場合によっては監督を含めて六人のときもある。製作予算は二五〇～三〇〇万円という時代だ。誰が好んでピンク映画に関わるのか。

「ピンク映画の助監督になり手がおらず、人手不足」

そんなことからの誘いであったに違いなかった。山下監督との関係は、東北新社・フジテレビ製作の『戦国群盗伝』『無法松の一生』で知りあった仲で、彼はセカンド助監督だった。

助監督といっても序列がある。監督を助けるのがチーフ助監督だ。その助監督の下に、セカンド、サード、フォースという三人の助手がいる。一番偉い助監督は、監督昇進が一番近いポストだ。後の三ポストはチーフまでの監督助手というのが正式な呼び名だ。フォースが付くのは大手映画会社であって、独立プロやテレビ映画ではセカンドとサードの二人である。セカンドでもサードでもフォースでも、対外的には「俺は助監督です」と格好良く紹介する。「助監督は将来の監督」ということで響きが良いし、期待を持ってくれるからかもしれない。

助監督と反比例なのが製作部だ。

製作部のトップはプロデューサー。作品製作の最高峰だ。プロデューサーから現場を任せられるのが製作担当、あるいは製作主任というポストである。、製作主任の下に製作進行（作品によっては製作係として一、二人付く）が存在する。撮影現場の親分は製作主任で助監督ではない。助監督はあくまで監督の手足に過ぎない。補佐として監督の要望に応える助監督と、プロデューサーから現場を預かる製作主任（製作担当）は、メインスタッフの両雄である。

ところで、チーフ助監督と製作主任はどっちが上なのか、というのは愚問だが、組織上は製作主任は製作する会社側だから上の存在だ。例えば撮影現場での演出上の要望に対しても予算スケジュールがあるので、ことあるごとに助監督が製作主任に相談する仕組みだ。つまり、製作主任の承諾・協力が得られないと撮影が進まない。平たくいえば、一時中断する事態にもなる。

したがって、両者は車の両輪で、片方だけでは走ることはできない。それこそ「呉越同舟」なのだ。しかし呉越が同舟したからといって格言のようにいくとは限らない。助監督、製作主任が現場を円滑に進めるための両雄ではあるが、現場には天敵もいる。特に助監督は撮影技師が天敵のような存在にもなる。

山下治監督こと「山ちゃん」の素性ははっきりしないが、私が出会ったときはペーペーの助監督だった。

『無法松の一生』で能登へ大ロケを敢行した。「富来荘」という旅館が宿だったが、能登でのロケが終わって、いよいよ明日、東京へ帰るという晩は宴会となった。当然、酒は飲み放題、酒を飲まないのはカメラマン（撮影）のKだけで、他のスタッフは飲みまくって裸踊りが出るほどの狂態が繰り広げられた。私も裸踊りをした一人だが、私以上に「飲ん兵衛」がセカンド助監督の山下で、彼は酒には目がなかった。

山下は日頃からKにいびられていた。これは新米助監督が通る道で、だいたい撮影技師からいびられる。カチンコの叩き方が悪いだの、右へ寄れと言われて右へ寄ると、「バカヤロー、右だよ右！」「もうちょっとですか？」「バカヤロー、右というのはお前から見たら左なんだよ。そんなことも分からねえのか！」というように。普通はいびりのなかに「情」があるものだがKは違った。

Kは甘党でアルコールとは無縁。一方の山ちゃんは辛党で、というより相性が悪くてそりが合わないのだろう。サードには猫なで声で「そうそう、いいよ」と言うが、山ちゃんには厳しい。そういった悪縁であるのに、酔っ払った山ちゃんはKの前に座り込んで何やらぐうたら言っている。

Kの顔が険しくなった。それでも山ちゃんは呂律が怪しくなっているのに話しかけていた。すると突然、山ちゃんが後ろにひっくり返った。いきなりKの拳が山ちゃんの顔面に飛んだのだ。

何しろKは空手の有段者。昼食時、Kがしょっちゅう空手の話をしていたし、「喧嘩は肉を斬らせて骨を断つ。コレだよ」と、空手の姿勢を見せるなど物騒な男だった。そのKにいきなり一発食らえばどういうことになるか。

山ちゃんが「う〜ん」と唸って起き上がろうとしたが起き上がれない。私はたまたま近くにいたこともあってすぐ駆け寄って部屋に連れ帰った。山ちゃんの右目が青く腫れ上がっている。冷たいタオルで看護したのだった。

土居監督は苦虫を噛み潰したような表情で、私たちが山ちゃんを部屋に連れていくとき、「よろしく頼むな」と、言った。

東京に戻ってからの撮影は、何もなかったように快調に進んだ。

ピンク映画を知る

その旧知の仲だった山ちゃんが、なぜピンク映画の監督をしているのか定かではない。

山下監督のデビューは一九六四(昭和三十九)年だから、『無法松の一生』を終えて、すぐピンクに転じたことは年月で分かるのみだ。映画『戯れ』は下北沢駅北口近くのマンションの一室で撮影が行われていた。私が行くと山下監督が出てきた。「撮影中だから上がって見てろよ」と言った。

若い女、いや女優がライトを当てられて素肌で悶えている。

全裸の女優がいて男優と絡んでいる。「これは一体なんだ!」

ピンク映画を知らなかったし、山ちゃんがピンク映画の監督だということを、そこで初めて知ったのだった。撮影をじっと見ている人物がいた。山ちゃんから紹介され、「大井です」と言った。岩波映画のプロデューサーで、ピンク映画製作のために立ち上げた「青年群像」の大井由次代表(プロデューサー)だった。その下にはお目付け役で現場を仕切っていたKという人物がいた。

こうしてピンク映画の世界を知った。

引き続き『色の手配師』に携わった。私の肩書は特にない。製作部兼助監督みたいな、わけの分からない存在で、ときにはカチンコを叩いたり、その他なんでもやった。

こんなことがあった。ある女優の恥毛が小さなパンティから微かに覗いていた。

山下監督は「剃ってこいといったのに、ダメじゃないか！　弥山よ、綺麗に剃ってくれ」と。

「エエッ？」と、驚いている場合じゃない。撮影がストップ。「やれ」と言われたのでやらなくちゃいけない。恐る恐る恥毛に剃刀を入れる。すると「ゾリッ」という感触。スタッフの行為に、女優は微かにデルタを動かしていた。

これではピンク映画のシーンと同じだ。ともかく恥毛を剃ったのであった。


山ちゃんと何度も安い飲み屋で酒を呷った。山ちゃんはアル中ではないかというくらい酒好きで、「飲んで飲んで飲み疲れて……」と、浴びるほどである。

「弥山よ、本格的にピンクやってみないか。俺の助監督やって監督やれよ。監督がいなくて困ってるんだ。弥山、(監督)できるだろう。俺にちょっと付けば監督だ。こんなもの誰だってやれるんだ」と言った。

「ピンク映画がどういうものなのか勉強してみないと、いきなり言われてもな……」と、飲むたびに言い合ったのだった。

『戦国群盗伝』で、渡辺護監督から声をかけられ、彼の下で助監督をやってピンク映画監督になっていたかもしれない。山ちゃんも「ピンク映画監督になれ」という。

その頃、私も家庭を持っていたし、妻は東京の教育一家の娘だ。その妻に「ピンク映画」とも言えないし、私自身も「裏」のような映画に染まる気は毛頭なかったので、その時点でピンク映画とは縁が切れた。

振り返ってみると、山下治監督に付いて本格的にピンク映画に関わっていたら、ピンク映画監督・弥山政之が誕生していたはずだ。「監督です」と言えたはずだ。

ピンク映画監督になっていたら、私の映画人生も変わっていたかもしれない。ピンクから一般映画に転じて話題作をつくり、注目される監督になっていたかもしれない。

「もし……」という仮定の話が許されるのならば。

第三章　若松プロから都落ち

若兄ィとの再会

一九六五（昭和四十）年、いや四十一年の初め頃だったかははっきりしないが、「若兄ィ」と呼んだ若松孝二から突然連絡が来た。昭和四十年といえば若松プロが設立された年だ。

「元気そうじゃないか。いま何やってんだ。俺ンとこへ来ないか？　製作できる奴がいないんで困っているんだ。来てくれよ、坊や」と、若兄ィは一方的にまくし立てた。

懐かしい言葉のやり取りはない。若松らしかった。五、六年の「別れ」は、若兄ィにとっては昨日のことのように「若兄ィ」「坊や」の関係で、あっさりだった。

私はいささかその言葉が気に入らず、不愉快だった。少しばかり「ムッ」とした。電話とはいえ、私の感情は空気として伝わったはずだ。少しでも、別れてから五、六年の歳月の出来事を話したかったのに……。

しかし私の感情は、「いつ来るんだい?」の若兄ィのひとことで吹き飛ばされてしまった。私がピンク映画に関わっているということをどうやって知ったのかという詮索は無用だ。ピンク映画の世界は狭い。風の便りで知ったのだろう。

若松孝二の活動は、『壁の中の秘事』がベルリン国際映画祭に出品され、上映されたことで国辱映画というスキャンダルで一躍有名になったことで知っていた。「スハー、スハー、ウッフン」のピンク映画といわれながらも、若松作品は単なるピンク映画に終始する作品もあるが、『誤審』のようなピンク映画でも中味は社会的な要素を含んだ、いわば異色のピンク映画を目指していたのだろうと推測した。「田舎から大海原へ出て、ピンク映画というマイナーな映画で満足するはずがない。誰もが錦を飾りたいはずだ。錦を飾るため、評価される話題作をつくっているのではないか」と思った。そのとき、二人の関係がどうであれ、「一度、(若松プロへ)行ってみるか」という気持ちはあったと思う。

その頃、私は豊島区椎名町に家庭を持っていた。当時、三歳の娘が一人という三人家族。石塚荘という木造アパートの前には、たいへん広い大家の敷地があり、いくらでも車が停められるほどだったが、私には車などあるはずもない。そんな平凡な生活をしていた頃、長石多可男が訪ねてきた。

仮面ライダーの長石多可男

長石というのは、実写版『仮面ライダー』(東映・テレビ朝日)の長石多可男監督のことである。

『光戦隊マスクマン』『電磁戦隊メガレンジャー』なども担当した。脚本や劇場版や『光戦隊マスクマン』の挿入歌「テン・アイズ〜五人の瞳」の作詞の長石である。彼は二〇一三(平成二十五)年三月、進行性核上性麻痺という難病のため六十八歳で死去した。長石との付き合いも古い。

彼が上京して映画界入りを目指してブラブラしていた頃だから昭和三十八、九年頃に知り合った。正直、初めての出会いの記憶がポッカリ飛んでいる。出身地の話で「エッ、僕も広島なんよ」と言った。小柄でメガネをかけた童顔の彼の表情が目に浮かぶ。

鈴木清順監督の演出に惹かれていて、「パッと斬ったら血が噴き、場面一面の大地いっぱいに血が濁流のように広がるんだ……」と熱っぽく語っていたところによると監督志望だったようだ。

広島の江田島(現在は市)と知って、江田島へは宇品港(現・広島港)から船での海上交通のみ。宇品港の近くが出身の私は、江田島の長石に親近感を持ったことは想像に難くない。ちなみに、江田島は「海軍江田島兵学校」(現・海上自衛隊第一術科学校)のあるところだ。

ある日、我がアパートに長石が彼女を連れて訪れた。一見、不良っぽい女だった。彼は女の扱いに困って相談に来たのだった。

「実は俺、困ってるんだ。コイツが俺にまとわり付いて、俺は嫌だと言うんだがコイツ離れてくれない。どうしたらいいものだろうか……」と、女の前でこのようなことを言っている。

女はというと、プカプカとタバコを吸って笑っているようだ。

私は彼女に、「あんたはどう思っているの？」と訊いた。

「あたしは別れない。このままでいいよ」

「あんたはそれでいいかもしれんが、長石はああ言っている。別れたがってるんだよ」

「あたしのことを自慢したいんだよ。別れなきゃいけない理由なんかないわ。多可男そうでしょう?」

「俺は付きまとわれるのがイヤなんだ」

二人で言い合っていた。

「俺が別れろとかいう問題じゃないな。二人でよく話し合えよ」というほかはない。

彼女のことを不良みたいだと書いたが、そのときの印象であって不良なのかどうかは知らない。確かなことは二、三つ年上のようだった。その後、彼女との仲がどうなったのかは知らない。

それから二、三年後だろうか、今度は長石が一人で訪ねてきた。手には三輪車を持っていた。娘へのお土産だった。

「『仮面ライダー』の助監督をやっているんだ。これは劇用の三輪車。いらないんでお土産に」と、長石はメガネの奥の細長い目をさらに細くして、娘を三輪車に乗せていた。

『柔道一直線』の助監督でもあり、吉沢京子の話を盛んにしていた。その後『ザ・カゲスター』の第十三話「ドクターサタンの世界征服作戦」でテレビドラマの監督デビューを果たした。

私とは違って長石は監督の夢を見事に貫き通した。「広島出身」の映画人として、後世に名を残した人物といっても過言ではないと思う。ただ、私は「都落ち」したこともあって、長石の監督姿を見ることはなかった。振り返れば何もかも悔やまれる人生の一頁である。

もう一つウィキペディアによれば、長石多可男の映画界入りは、「若松孝二と知り合って若松プロへの参加を考えていたが、当時若松プロには、足立正生、沖島勲、小水一男をはじめ多くの助監督を抱えていたため断念……」という記述があるが、すでに昭和四十〜四十一年には私は若松プロにおり、長石が若松プロに参加を望んでいたのなら、私が知らないはずはない。私と若松の関係は長石も聞いて知っていたはずだし、私に相談があってもおかしくない。長石が私が若松プロにいることを知らないはずはない、と思うのだが……。

さまざまな映画人の黎明期の話には、若松孝二&若松プロの話が出る。若松が単なるピンク映画の監督だったら、若松との関係の話は出ないのではないか。若松が異色の映画づくりで名声を得たからこそ、映画人たちは若松との関係を喧伝するのではないか。

長石よ、もし若松プロで一緒になっていたら、広島県人同士ということで、また違った面白い映画人生があったかも知れない。

長石よ、縁があったのに、自分のことで精一杯で縁を大切にできず、広島のことなどじっくり話し合うこともできず、気がつくと永遠の別れだった。残念だ。あの世で逢おう。

在りし日の長石の姿が懐かしい。

若松プロの製作主任

五、六年振りに若兄ィから、「坊や、元気か。いま何やってるんだ。うち(若松プロ)に製作を任せられる奴がおらん。手伝ってくれよ」と連絡があった。

私は、このような電話によって若松プロで仕事をすることになった。昭和四十年暮れか四十一年初旬、若松プロには足立正生が一年ほど先に入っている以外、沖島勲、小水一男、木田英博、さらに秋山未知汚(道男)らの助監督、といっても沖島を除いてほとんどが素人同然だ。この他、歌手志望という雑用係のような人物もいた。私が若松プロに行ったときはすでに彼らの顔があった。あとで知ったのだが、足立以外はみんな前後して若松プロに入ったほぼ同期だった。この他、撮影の伊東英男、照明の磯貝一は、若松が監督になった頃からのスタッフで肝胆相照らす関係だ。

若兄ィは私のことを、「俺と同じ釜の飯を食った舎弟みたいな者だ。製作を任せるので、みんな頼むで」と、紹介された。製作を仕切る人物ということで初めから一目置かれていた、と思う。

監督としての若松孝二が実際どんな印象だったのか。『性の放浪』か『性犯罪』か、どっちの作品かは分からないが、新宿二丁目辺り(旧赤線地帯)をゲリラ的に撮影した。その折、ジャン＝リュック・ゴダール作品に影響を受けたのか、車椅子に伊東カメラマンを乗せ、自ら車椅子を引いて操りながら延々と長回しをする演出に舌を巻いたものだった。若松は何事も切り替えが早い。決断力は誰も真似のできない早さで、即断で切り替える。

例えば、俳優の演技が気に入らないと、普通の監督なら、同じシーンを何回もＮＧを出しながら

OKを出すまでやるが、若松は違う。一、二回やってダメなら、「やめよう。これで行こう」と芝居を代えたりする。

助監督に対してもモタモタしていると、「もうそれはいい。これでやろう」と、ワンシーン、ワンカットにこだわらない。代わるカットをパッと決める。助監督のセカンドやサードがハァハァと息せき切って「監督、用意できました」と言うと、「バカ野郎！　次を行っているのに、何をやってんだお前」なんて、「固定観念」という文字は若松監督にはない。

私が製作主任として若松の片腕となったことで、全体の動きがスムーズになったはずだ。ロケハンも会社所有のクラウンのワゴン車を私が運転し、若松が助手席に座ってあちこち飛び回った。

若松プロでどのような作品に関わったのか。第一作がなんだったか記憶にはない。時系列を辿ると『性犯罪』か『犯された白衣』か。たぶん『性犯罪』だったと思う。

『犯された白衣』は状況劇場の唐十郎が主演。作品は「キネマ旬報」一九六七(昭和四十二)年の日本映画ベストテン二十八位にランクされた話題作。キネマ旬報が若松作品を評価した画期的な作品だ。これは、映画評論家で「映画評論」編集長の佐藤重臣や政治運動家・映画評論家の松田政男らの若松シンパによって広く喧伝されたことにもよる。特に松田は若松プロの一員といっていい存在だった。

たしかに若松プロはピンク映画を糧としたが、若松の思想、スタッフからして、ピンク映画とは一線を画した映画づくりに走っていた。

『犯された白衣』での出来事

「坊や、海辺で三、四日撮影できる場所はないか?」と言った。みなの前では「弥山」と呼ぶが、二人のときは昔のままの「坊や」であった。

「千葉はどうですかね、内房あたりは?」

「そうだな、あの辺、車を走らすか」

実は千葉でなくても良かった。三浦半島でもいいし、真鶴は土地勘もあった。しかし、ふと千葉と口走った。わけがあった。それまで房総半島には行ったことがなかった。なのに千葉といったのは、若松がどう思ったか知らないが、その頃、若松には「千葉」には女がいたのだ。農家の娘だ。かつて一度、「坊や、付き合ってくれよ」と誘われ、買ったばかりのカローラを若松が運転し、まだ信号もほとんどなかった国道十四号線をビュンビュン飛ばして、千葉のどこだかは覚えていないが、大きな農家へ行った。車が着くと、待っていたかのように娘が出迎えた。小太りの大柄な女だった。勝手知ったる若松の前に娘の父親も出てきて、何やら話していた。

馴れ馴れしい娘の仕草から、男と女の仲だということはすぐに伝わった。小一時間、お茶をご馳走になって、東京に戻った。なぜ千葉まで私を連れて行ったのかは分からないが、そんなことが頭をよぎって「千葉へ」と言ったのだった。

千葉の娘と若松がその後どう発展したのかは定かではないが、その後「子供ができた」と聞いたような記憶もあるが、正確なところは分からない。

映画づくりはすべて足立正生なんかと相談していた。私的なことでは「坊や」の私に話した。『犯された白衣』のロケハンには房総半島を走った。勝浦に入ると、海岸に抜ける山道を入って進んで行くと小さなトンネルがあり、さらに進んでいくとまたトンネル、さらに先のトンネルを抜けると右側に旅館があった。「鵜原館《うばらかん》」だったと思う。当時の「鵜原館」は木造二階建の質素な感じの旅館だった。若松は旅館を見て、一目で気に入ったようだった。建物の外観が『犯された白衣』の舞台になる看護婦寮のイメージに合ったのだろう。

「坊や、交渉してみてくれ」と、若松は言った。

「鵜原館」がある地域は「理想郷」だと知ったが、そこは秘境の趣だった。大正時代にはリアス式海岸を俯瞰する丘陵地帯を別荘地とする計画があり、「理想郷」と呼ばれるようになったとのことで、別荘が点在していた。これは宿の主人から聞いて知ったのだが、私たちにはまったく未知の場所であった。主人に旅館での撮影協力をお願いすると、「いいですよ、協力しましょう」とすんなり認められた。

車内で待機していた若松を呼んで、宿の主人に紹介し、後日、撮影に入ることにしたのだった。主演が唐十郎ということで撮影部隊も緊張していた。寺山修司の「天井桟敷」、鈴木忠志の「早稲田小劇場」、佐藤信の「黒テント」、そして唐十郎の「状況劇場」を加えて、アングラ四天王と言われた唐十郎だからだった。

「鵜原館」の二階の大広間を借り切っての三日間、クライマックスは主人公が十数人の看護婦を全裸にしてカミソリで切りつけるシーン。全身血だらけで息も絶え絶えのなかでの回想シーンに出てくる赤ちゃん。赤ちゃんのアップがツーカット。実はその赤ちゃんは、私の娘なのである。「弥山、赤ちゃんを出演させてくれ。可愛くてイメージにピッタリなんだ」と、若松監督から要請された。赤ちゃんの名前は弥山芳里《かおり》、当時二歳だった。

余談だが、ずっとのちに、娘が大人になってからそのことを知って「ヒエー」と驚いたものだ。

『復讐鬼』は日向見温泉

若松プロに在籍した期間で、一番好きな作品は、吉沢健主演の『新日本暴行暗黒史　復讐鬼』だ。戦前、岡山の山村で起きた「津山三十人殺し」が題材である。村八分で差別された青年の復讐劇だが、この舞台探しに、若松と沖島、そして私の三人が群馬にロケハンに行った。三、四日の泊まりのロケになるため、私が目星を付けたのが四万温泉郷の日向見温泉だった。聞いたこともない温泉だが、地図で四万温泉からさらに山道を登った先に、その温泉があることを知った。旅館が一軒あるということ以外は何も知らない。

若松も四万温泉郷あたりの山村で撮影をすることを決めてのロケハンであった。初めて行って見た日向見温泉は秘境の趣だ。

たしか「日向見荘」だったと記憶する旅館の女将とタイアップの交渉をする。女将は「まったくタダというわけにはいかない。半額なら」と言った。有名な温泉地の旅館ならともかく、秘境の宿で宿泊費無料というのは無理もあったので半額で成立。とはいえ、三食で五、六百円程度にしてもらったと思う。すごく良くしてくれたと記憶がある。

『復讐鬼』は群馬でのオールロケ。この作品には松田政男が記録スタッフとして参加した。日向見荘での松田のエピソードを記す。

松田は当時、三十三、四歳でギラついた眼光をした、好奇心の強そうな印象であった。

正直、何者か分からなかった。ただ、学生運動や政治的な運動をしている人物、あるいは評論家ということは何となく分かっていたような、私にすれば得体の知れない人物と写っていた。

若松プロは、若松孝二、足立正生、松田政男と役割は違ってもトライアングル的構図が生まれていた。若松プロから私が抜けたあと、一九七一(昭和四十六)年、『赤軍PFLP・世界戦争宣言』というドキュメンタリー映画を撮ったことで、その後、若松は「赤軍に資金を援助している黒幕」と当局からマークされたというが、若松自身は「赤軍—パレスチナ」とはもともと無縁だ。足立や松田に感化され、戦争・革命・政治という思想的社会的な問題作を発表していくことになったと、若松孝二の原点を知る私はそう信じている。すべて若兄ィの商売・金儲けの延長が革新的な映画づくりに繋がっていると断言したい。

松田政男のエロい話

トライアングルの一人、松田政男の『復讐鬼』でのエピソードの一幕。

一日の撮影が終了して、宿での夕食は酒付き。若松プロの酒豪ナンバーワンは照明技師の磯貝一。眼鏡の奥の目が座ってくる。

時刻は夜十時頃か、助監督の秋山未知汚だったか小水一男だったか、いやチーフ助監督は沖島勲でセカンドが秋山で、ガイラ(小水一男)は応援に来ていたのか、これも記憶は定かではないが、いずれにしても二人のうちのどちらかだったと思う。若松監督以下、われわれのいる広間に「監督、監督っ!」と、慌てた様子で入ってきた。

「そんなに急いでどうしたんだ、お前」と、若松監督。

「実は風呂に行ったんですが、松田さんが……」

斯々然々、話を聞いて誰しもの顔が好奇心に満ちたのだった。

いや、その前に、松田先生はご健在の様子だから、もし本書を読んだとしたら、「なんだ、そんな昔のこと、いまごろ持ち出す輩がいるのか!」とギョギョッとするであろう。

しかし、五十年も昔のことでもう時効だ。青春時代の笑い話として、目くじらを立てず、笑って許してほしい、松田先生。

助監督が目にした光景は、大浴場の洗い場に全裸の女性が一人寝そべっていて、その横で松田政男が怪しげな仕草をしている、ということだった。若松監督の目が輝いた。

「よし、みんな静かに、気づかれないように行ってみるか」

長い廊下を六、七人が足音を殺して、忍者のように大浴場へ忍び寄る。樹木を背景にした大浴場は、掛け流しの温泉と四万川のせせらぎが入り混じって、寂やかな水音が響いている。大浴場には湯気が立ち込めているものの、目を凝らして探る十数個の眼光、視界に映ったのは紛れもない松田と女体の二つの物体だった。

女の年頃は分からないが、小太りの体形からして五、六十歳ぐらいだろうか。だとしたら年増ではあるが、横向きの裸体、われわれからは背が見え、長い髪が掛け流しの湯に洗われている。じつになまめかしい光景だ。

なまめかしさを感じているのはわれわれより、その横に座り込んでいる松田自身だろう。泊り客も少なく、誰も大浴場に来る客はいない時刻だ。

そのご婦人がなぜ横たわっているのか。想像するに、酒を飲んで風呂に来て、酔いも手伝って眠くなって、誰もいない大浴場ゆえ横たわっているうちに眠り込んだのではないか。そこへ松田が入ったところ……ということではないのか。

すべて想像であるが、いずれにしても現実には裸の男と女が妖しげな場面をつくっているということだ。われわれが覗いていることに気づかない松田は、どうしたものかと思案げに、手を女体に近づけては引っ込めている。そして、気になるのか、あたりをキョロキョロと見回して、人がいないことを確認している。

微かな声で「やれっ、やれ、松田、やってしまえ」と、若松監督が叫んでいる。

松田の腕が動いた。指が背中をそっと撫でた。すると女体が動いて仰向けになった。われわれの目にははっきりとは見えないが、松田には女のデルタがしっかり目に入ったはずだ。

「エエぞ、エエぞ、松田よ。上に乗っかれ！」と若松監督。

松田には監督の声が聞こえるはずもない。聞こえたらたいへんだ。いや、エロチックな場面はNGと化してしまう。

当時、松田は男の真っ盛り。後日談だが、若松監督曰く、「松田はおちんちんピンピンになっていたんではないか。余計なことを考えないでズバッと乗っかりゃえかったのに」と笑った。

ということは、小説のような場面があったのにもかかわらず、松田は本懐を遂げることができなかった。ひょっとしたらご婦人も、一夜のアバンチュールで男に犯されてもいいと思って仰向けになったのではないのか。であるとしたら、松田はモジモジしないで犯しても良かった。若松監督以下、われわれも楽しめたのに。松田は自らチャンスを放棄したのである。つまり、誰かに見られているという空気を察して、女体から離れて何事もなかったように洗い場に行った。ご婦人はというと、夢を見ていたかのように、またゴロリと横向きになって眠った。

われわれが覗いていたということは、松田には言わないことになっていた。しかしその後、何かのとき、若松は酒席で笑い話として松田に言ったのではないか、と思う。だとしたら、松田は狼狽したはずだ。その狼狽ぶりが目に浮かんでくる。

松田政男はこの作品では「記録」（スクリプター）として参画したのだが、大和屋竺監督の『毛の生えた拳銃』では役者として出演している。のちに映画雑誌、「映画批評」を創刊した。

山本晋也と山下治

私が若松プロに在籍中に製作された作品は、若松監督を始め、大和屋竺監督『毛の生えた拳銃』、山本晋也監督『変質者』、山下治監督『性の復活』『真実の処女』等である。足立正生、沖島勲、小水一男は、私が若松プロを去ってから監督になっているので、どのような作品かは知らない(ただ、足立正生は、私が若松プロに入る前に、若松プロで二本、監督している)。

その後、若松プロからは、高橋伴明監督、林静一監督が誕生しており、若松プロで助監督を経験し、巣立って監督になった人は多い。

なかでも山本晋也監督は面白い人物だった。

『変質者』で社長邸として、下北沢にある大企業の寮を借りた。寝室に見立てた一室には、壁に大きなウミガメの剥製が飾られている。

セックスシーンが終わって、二回戦に入るとウミガメは元の場所でなく反対側に掛かっている。同じシーンなのにウミガメが反対に掛けられているのだ。撮影に邪魔で外してあったものを、場所を間違えて反対側の壁に掛けたと思った製作主任の私は、愚かにも山本監督に、「亀の場所が違いますよ、掛け直しましょうか?」と訊くと、監督曰く「わざわざ変えたんだ」と言う。

「わざとですか?」

「一発やったら目がまわってね。目線のウミガメを見ると亀が反対側に動いたんだよ」

やられた。山本監督は小柄で当時からトレードマークの「ちょび髭」を生やしていたが、その髭が笑っていた。なんとユニークな面白い監督なんだと感じた。

のちに山本監督は一般映画に進出し、テレビ番組のレポーターやタレントとして活躍したのも、「カントク」のキャラクターの賜物だ。

とはいえ、当時、山本監督がその後、メジャーとしてこんなに活躍する人とは思いもしなかった。単なるピンク映画監督ぐらいにしか思っていなかったのが本音である。

ピンク映画黎明期の一九六四(昭和四十)年、『未成熟』で監督デビューした山下治監督が若松プロへ出入りして、監督をするキッカケを作ったのは私である。さきに記したように、山下とはテレビ映画、ピンク映画で知った仲間だ。私が若松プロにいると知った山下から、「オイ、弥山。若松を紹介してくれよ」と。

同じピンク映画監督という立場で若松を知ってはいるはずだが、山下はプライドが高く、口下手でシャイなところがある。「紹介しろ」ということは、若松プロで一本撮らせろということである。このようなことから山下を正式に若松に紹介して、若松プロに出入りするようになった。

山下は若松プロで監督をやる前に、若松監督の小平義雄をモデルにした『続日本暴行暗黒史　暴虐魔』で小平を演じた。若松監督が、坊主刈りの山下を、小平のイメージに合うと口説いたのだった。本人より山下のほうが暴虐魔にピッタリという役を熱演した。それから山下は監督として若松プロで『性の復活』『真実の処女』の二本を撮った。『性の復活』は政界の黒幕をテーマにした秀作で、黒幕の別荘の舞台は、勝手知ったる理想郷の別荘を借りて行った。

苦悩する山下監督

山下監督は若松プロ第一作ということで、演出もさることながら、舞台のロケ地にこだわった。線路、廃駅などを求めて中央線立川駅から青梅線福生駅などでロケハンしまくる。当時、山下は福生に引っ越していて土地勘があったからだと思う。

しかし、そのときは福生に住んでいるとは知らなかった。作品が完成してずっと後のこと、山下監督と屋台で酒を酌み交わしたとき、「福生に引っ越したんだ。今度遊びに来いよ」と誘われたのだった。とはいえ、福生がどこなのかまったく分からない。立川駅で乗り換えて行くというではないか。「そんなに遠いところへ、またなぜ?」と思ったものである。

後日、福生の公団住宅の山下家に一泊の予定で行った。青梅線に乗り換えて各駅停車で何駅あったか。電車は大草原のなかを延々と走っていた感じだった。福生駅前には建物は何もなかった。山下家には駅からさらにバスで行った。山下夫妻が迎えてくれた。

「遠かったでしょう、こんな田舎で」と夫人が言った。

山下夫人は、穏やかでとても品の良い、礼儀正しい人であった。夕食はすき焼きで、酒も二人でしこたま飲んで寝たのである。

夜中、ピンク映画のような出来事が起こったのだ。夢ではない、現実の場面が。しかし、この話は明らかにできない。もし私がピンク映画の監督になっていたら、この場面を再現したであろうという逸話である。だが秘密は守らないといけない。あとは読者のご想像にお任せしよう。

『性の復活』や『真実の処女』は、ピンク映画としての題名だが、本来なら製作者も監督もまたスタッフも嬉しくはない。やはり品がない。それがピンクであるのだが。

山下も一般映画への進出を望んでいたことは、彼の言動からして痛いほど伝わってきた。山下は若松プロならばピンク映画であっても脱ピンク映画が撮れると思っていた。

若松プロを「次郎長一家」に例えるならば、大政・小政の足立正生、沖島勲、吉良の仁吉的存在が大和屋竺で、ピンク映画が根底にあっても作品はピンク映画ではない。だいたい彼らが商売オンリーのピンク映画を撮るはずもない。

だが、若松孝二はそれを承知で撮らせた。彼らの存在こそが、若松プロの存在を高める役割となったからにほかならない。そういった点で、若松はプロデューサーの才にも長けていたといえる。

山下も足立や大和屋のように、脱ピンク映画を狙っていたのかもしれないが、内容はともかくも題名はピンクを余儀なくされた。山下のピンク映画監督としての苦悩が若松プロで解消されることはなかったに違いない。というのも、私が若松プロを去って、後を追うように山下も若松プロから姿を消したからである。

山下は若松プロにおいては「他人」であった。足立や沖島のように身内になれる性格ではなかった。人との付き合いは不器用だった。山下は若松プロを去って、『脱獄囚の記録より　失神』(製作・国映)を最後に、ノイローゼで映画界から姿を消したとされている。遺族のブログによると、二〇〇九(平成二十一)年二月の時点で、すでに死去していると記されている。

もし私が若松プロにいたら、屋台酒で、「どうしたんだよ山ちゃん、俺に愚痴っていいよ」と話を聞いてあげられただろう。山下監督も映画界に踏みとどまっていたのではないかと思う。山ちゃんは超の付くほどシャイで孤独だった。孤独には友が必要だ。私がいたら彼の孤独を少しでも受け止めてあげられたのではないかと思うのである。

山下治監督はピンク映画を三十本も撮っている。なのにピンク映画界においての評価が低いような気がして残念だ。

「オイ、弥山、付き合えよ」と、聞こえてきそうな山ちゃんは懐かしい人物のひとりだ。

若兄ィとの確執

山下治監督作品で、私が若松プロを去る切っ掛けになったひとつの出来事がある。

若松プロでの山下治監督作品『性の復活』だったか『真実の処女』だったか、作品のクレジットをめぐって若兄ィと私はちょっとした経緯によって、しこりが生じた。

クレジットは俳優では配役序列、スタッフでも肩書はその立場を表すものにつき、口に出さなくても気になり、こだわりがあるものだ。

俳優を例に挙げると、クレジットの順位をめぐって大映と争いを起こし、その結果、大映をクビになったのが田宮二郎で、序列事件は公に知られるところだ。

かいつまんで記すと、一九六八(昭和四十三)年、大映『不信のとき』(今井正監督)の主役は田宮二郎だが、原案の宣伝ポスターには会社側が「女性映画として売る」ということで、序列はトップ・若尾文子、二番目・加賀まりこ、トメ・岡田茉莉子で、田宮は四番目の扱いになっていた。

当時、田宮は大映現代劇男優のトップスターの地位にあり、しかも主役だ。田宮は撮影所長に「序列は譲れない」と抗議するも「変えない」と断られた。さらに田宮は永田秀一副社長に訴えるも却下された。ついに田宮は永田雅一社長に直訴した。永田社長は「主役のお前がトップになるのは当然だ」と、ポスターを刷り直した。

そして、田宮の希望通り、序列はトップになったが、後継者である副社長の面子を考えたのか、永田社長は田宮との契約を残したまま、解雇した。田宮はクビを覚悟でメンツに拘ったのだ。

スタッフの場合は、撮影、照明、美術等と肩書が明確に決まっているが、クレジット序列では製作会社によって若干違うこともある。

現場スタッフ、いわゆるメインスタッフの序列のトップは「撮影」で、これはどこでも同じで不動だ。問題は二番手以下の序列だ。照明、録音、編集、美術、助監督(チーフ)、製作主任(担当)の序列はバラツキがあり、トメは製作主任というのが一般的だ。メインスタッフはみな各部門の親分ゆえ、二番手か四番手か、口には出さないが、クレジットによって若干は気にすることもある。

一般の会社では、会長、社長、副社長、専務、常務、監査役、本部長(事業部長)、部長、次長、課長、係長、主任、リーダー、平社員という序列だろう。もっとも、肩書を増やすため、課長のほか、課長代理、課長補佐、課長付、さらに上席課長なんていうのもあり、誰がどういう権限を持っているのか分かりにくいこともある。
このような社会での肩書や序列の共通認識を踏まえて、次のことを理解してほしい。

若松監督は若松プロの代表であり、いわば製作者・プロデューサーでもある。したがって、若松プロで製作される作品はすべて「製作・若松孝二」とクレジットされる。私は若松プロデューサーの補佐、現場での責任者、製作主任である。

ところが、山下監督作品に限って若松は、「坊や、山下を連れて来たのはお前だ。この作品はプロデューサーとして、お前が仕切ってくれ、任せたよ」と言ったのだった。

山下監督と私の関係を憂慮したからかもしれない。あるいは外様の山下監督に対してあれこれ口出しするのが嫌だったのかもしれない。それとも「お前、プロデューサーの仕事をしてみろ」という弟分に対しての情なのかもしれないが、若松はそういった気配りを見せたのだ。

であるならば、山下監督作品のクレジットでは、製作主任ではなく、「製作(プロデューサー)」の肩書になる。山下監督には良い作品にしてもらいたいと、私の権限の限り、私にできることはすべて要望を受け入れた。

作品が完成して、若松プロでスタッフを交え、初号の試写をした。題名の次に出るスタッフクレジットのトップ一枚に「製作・弥山政之」とあった。何だか胸が高まった。山下監督作品に若松孝二の名はなかった。

対外的に「若松プロのプロデューサーは弥山」ということをアピールする狙いもあったのだろう

か。とはいえ、肩書は名目に過ぎない。製作は若松プロなのだから。雇われプロデューサーと同じだ。ピンク映画のプロデューサーとは嬉しくも有り難くもないが、若松プロのプロデューサーという点では、他のピンク映画会社での肩書より、遥かに認知度と好感度があるはずだ。

しかしその後、「プロデューサー弥山」のクレジットは、泡沫《うたかた》のまぼろしを余儀なくされる。

二、三日経って若松が「坊や、製作の肩書にしたけど、俺の名前に変えるかもしれん」と言った。

「そうですか、ええですよ。プロデューサーはあくまで監督（若松孝二）ですから」と了解したものの、なぜ変えるのか、何か面白くないという気がしていたことは事実である。その後、クレジットが若松孝二に変更されたのか弥山政之のままなのかは知らない。若松に聞くこともしないので。

しかし、そのことが尾を引くことはないから、若兄ィから「坊や、付き合えよ」と、夜の巷に繰り出す相棒となることもしばしばではあった。

「金嬉老事件」で寸又峡へ

一九六八（昭和四十三）年二月二十一日のことだった。

夜、若松と私は、新宿御苑に面した通りにあるスナック「ユニコン」にいた。ユニコンは大島渚監督などの血気盛んな映画界ヌーヴェルヴァーグの旗手たちのたまり場であった。ユニコンでは、いつも誰かが議論をし、その挙句、熱くなって殴り合いの喧嘩も起こる連夜だった。いつの間にか、大島渚一派と合流していた。そして「金嬉老事件」の話になった。

「金嬉老事件」は、二月二十日夜、在日朝鮮人・金嬉老が静岡県清水市のクラブで暴力団の知人二人をライフルで射殺して逃亡した事件で、背景には在日朝鮮人・韓国人に対する差別問題があるといわれた事件だ。

誰かが「金嬉老が寸又峡の旅館に宿泊客十六人を人質にして立て篭もっている」という情報を話した。すると足立正生が「現地に行ってみたいな」と言った。すぐ呼応したのが大島渚監督。

「それはいい。今から行けないか？」

すでに夜の十時を過ぎていたと思う。「寸又峡」なんて聞いたこともない。行くにしてもどうやって行くのか。だいたい、寸又峡がどこにあるのか誰も知らない。静岡県の山奥だという。そのようなところへ、これから行けないか、いや行こうと盛り上がった。行くにしても車で行く以外方法はない。

若松が「坊や、何とかならないか？」と言った。

何とかならないかと言われても、私も酩酊している。相当酔っ払っている。若松の声を聞いて、もう行く気になっている。

さらに大島監督が、若松と同じように私のことを「坊や」なんて言っている。

「坊や、行けるかな？」

私も若かった。一番年下だ。ヌーヴェルヴァーグの旗手たちが、その気になっているのに「酔っているから……」では断れない。行く気になっている。盛り上がっている。これではやるしかない。

「なあに大丈夫ですよ。行きましょう。いまから車取ってきます」

タクシーで原宿の若松プロまで車を取りに行き、クラウンのワゴン車をユニコンに横付けした。助手席には若松と大島渚。後部席には戸田重昌(美術監督)、吉岡康弘(撮影監督)、佐藤正晃。荷台には松田政男と足立正生。六人乗りに八人。みな酔っている。乗っている人は酔ってても問題ないが、運転する私も酔っ払いだ。酔っぱらい運転で寸又峡まで何時間も車を走らせようというのだ。無茶苦茶だ。「事故でも起こしたら……」なんて誰も考えなかった。誰も止めなかった。いまなら許されない、いや当時でも許されないが、それがまかり通った時代感覚でもあったのだろう。

ともかく、八人乗ったワゴン車は出発した。私は酔ってはいたが、旗手たちを乗せて寸又峡まで運転していくということで気持ちはシャキッと立ち直っていた。

この顚末が映画評論家・松田政男が「週刊読書人」昭和四十三年三月二十五日号に書かれているので改めて書かない。プロローグを読み返してほしい。この顚末記のなかで一カ所だけ訂正しておきたい。松田は「二台の車に分乗」記してあるのは記憶ミス。あるいは一台に八人というのは定員オーバーの違反につき、それを伏せるために二台と記したものか。事実は一台だ。

ここで書くのは、誰も知らない、幻の道中記を付記するためだ。松田政男の「金嬉老の立て籠もる寸又峡へ」と合わせて参考にしていただきたい。また、鬼籍に入った大島渚、若松孝二ご両人の、在りし日の記憶として。

箱根峠であわや転落

夜の国道一号線を走る。当時、カーナビがあるはずもなく、地図が頼りなのだが地図さえもない。足立正生が道路標識を見ながら「あっち」「その先を右」とか、ナビの役割を果たしていた。そのうち「ナビの声」が聞こえなくなった。みんな眠りこけているのだ。

道路照明灯もないところを走っている。目がとろ〜んとしてくる。暗闇につられて私は居眠り運転をしている。ゴトンとした瞬間、私は咄嗟に急ブレーキを踏んだ。居眠りから目が覚めた。「どうなったのか？」フロントガラスの前は暗い闇の空間だ。「何かたいへんなことが起こっている」と恐怖心が込み上げた。

そこは多分、箱根峠のどこかで、居眠り運転で車道から外れて崖っぷちに車が突っ込んだのだ。見ると、車体の三分の一が崖っぷちをせり出して停まっている。私は思わず「ヒエー」と悲鳴を上げるところだった。

私の狼狽に気づいた若松は「大丈夫か、坊や？」と言った。

「どうしたの？　どのあたり。う〜ん、大丈夫、大丈夫」と大島監督が状況を知らず寝ぼけ眼で言っている。

松田が荷台から降りかかると、足立が状況を把握して、「動かないで。降りたら後ろが軽くなって車が谷に落ちる！」と言っていた。

私はギアをバックに入れ、思い切りアクセルをふかした。車はなんとか正常な位置に戻った。

足立、松田、若松の三人が車から降りて、何事もなかったように崖下へ向かって小便している。大島、吉岡、佐藤の大島グループは品のない行為はしない。若松グループとは品格が違った、いや尿意がなかったのかもしれないが、車の中でうたた寝をしていた。

性根が入った私が運転する車は箱根を越え、三島を過ぎると沼津、静岡まで直線コースだったような気がする。まだコンビニなんかなかったので休憩もままならない。寸又峡に向けて一気に走るだけだった。沼津辺りから、みな眠りから目を覚ましている。

「もうすぐ静岡ですねえ」といった声も出てくる。

富士市を過ぎると国道一号線の道路照明灯が増えてきた。新宿を出てから六時間、いや七時間ぐらい経っていた。バイパスもあまり整備されていない時代だった。

「あの先に標識が見える。寸又峡へは信号を右折らしい」と誰かが言った。

アルプスの入口という寸又峡へは静岡駅前から右折、山間・山峡へ入り、未舗装の凸凹道を進む。山間道は小雨が降ったのか、ぬかるみの道を車輪が泥を踏みながら登る。

山越え、いくつかの村を通り過ぎた。村で寸又峡への道のりを尋ね、農家で便所を借りた。

村人は金嬉老の旅館での立て篭もりのことを知っていた。

ものものしい現地

村人にお礼を言ってさらに先へ、凍りついたような道を寸又峡に向かって車は走る。

間もなく寸又峡だ。静岡からでも四時間以上走っている。

現地が近くなる途中、いくつかの検問所を突破して、朝八時頃、海抜八百メートルの小学校（本川根）の校庭に、八人を乗せたワゴン車は辿り着いた。ギュウギュウ詰めの長旅ゆえ、みな疲れているであろうに、狭い荷台からヒョイと飛び跳ねるように降りた足立、松田のご両人の仕草は軽い。車の外は寒風が吹き肌寒い。

周辺の警備はものものしい。巡査が三、四人寄ってきた。事件の現場までさらに四キロちょっとというところだが、ここから先は通すわけにはいかないと阻止される。

「私は映画監督の大島です。現場まで行きたい」

と、仁義を切ると、上役らしい巡査が、

「これはこれは、遠いところから。（先生は）よく存じております。ですがこれから先は危険でもあるし、厳重警戒をしており、何人も行くことができないのでご理解願いたい」

上空にはヘリコプターが轟音を立てて旋回している。

若松監督が睨みつけるように、「深夜十時間以上もかけて来た。ちょっとだけ行かせてよ」と交渉するが、「ダメです」の一点張り。埒が明かない。巡査から状況を聞いてあとは戻るほかない。

「こうして現地まで来たのだから、来たことに意義がある」と、松田は独り言のように呟いた。

現地の陽が高くなっている。

「来なけりゃ話にならない。来たという目的は達成されたのではないか」と誰かが言った。

そして帰ることになった。

「坊や、しんどいだろうが、帰りも安全運転で頼むよ」と、若松監督が言った。

車内は来たときと同じように座り、来た道を戻る。車は静岡県から神奈川県に入った。

「ちょっと寄っていかないか」という大島監督の誘いで、藤沢の大島邸に寄った。

大島夫人の女優・小山明子さんが、「ご苦労さまですね。何もありませんが……」とウイスキー(大島監督はどこでもサントリー角瓶)と、色とりどりの酒肴、菓子のおもてなしを受けた。

昨夜からの言動を総括しながら全員が昼から、いや夕方から水割りを呻っている。全員といっても私を除いて。本来なら、いけない口ではないのでいただくところだが、「どう?」と言われたが断った。行きは酔っ払い運転を余儀なくされたが、帰りは酔っ払うわけにはいかない。安全運転で帰着しないと。

途中の箱根峠では、崖っぷちから車体の半分が空中に浮いた。もし少しブレーキが遅かったら谷底へ転落し、八人が即死していたかもしれない。新聞の三面記事に、「箱根峠で車転落! 映画監督・大島渚さんら八人が即死」なんて。

松田政男の「金嬉老の立て籠もる寸又峡へ」の記事にはこのような話はない。八人での寸又峡往復道中記の「外伝」として付記する。松田の記事と併せて読んでほしい。

松田の「二台に分乗して西へ向かった」というのは勘違いで、「一台」が正しい。

また、若松監督の自伝では「うちの若い者を呼んで運転させた」「TBSの腕章まで借りて行った」との発言も記憶違いで(若い者とは誰を指しているのか)、だいたい夜の十時に事務所に若い者などいるはずもない。ユニコンで同席した私が、ワゴン車をとりに行き、運転したのである。

シゴカれる「ガイラ」

その頃の若松プロは一番輝いていたのではないだろうか。

若松が一般映画に転じてからか、若松プロで修業したという人は、自他共に認め名乗り出ているが、そういった多くの若松プロ人脈のなかで特筆すべき人物は、「ガイラ」こと小水一男(映画監督、俳優、写真家)だろう。

小水はフランケンシュタインのような風貌から「ガイラ」と呼ばれるようになったという風説もあるが、特撮映画『フランケンシュタインの怪獣　サンダ対ガイラ』のガイラに似ていたことによる。映画界では名物男だ。

小水が学んだ日本大学芸術学部というのは、足立正生、沖島勲と同じだ。したがって、若松プロにおいては長男・足立、次兄・沖島、末弟・小水という関係で、小水は足立・沖島からも可愛がられた。

とはいえ、若松プロ入りの頃は、助監督兼スチール担当で、のち助監督が定着したが、助監督の肩書であってもズブの素人同然だった。もっとも「大先生」といわれる監督でも、第一歩はみな素人同然での船出だ。

彼はよく動いた。若松監督から徹底的にしごかれた。

「ガイラ、何やってんだ！」「バカ野郎、早くしろ！」

小水は宮城県出身で、若松監督と同郷だ。アクセントは東北訛りで、若松自身と相通じるところがあったのか、相撲界では、「見込みのある若者を強くなるように鍛えてやろう」ということを「可愛がる」というそうだが、それと同じように若松も「ガイラ、ガイラ！」としごきまくった。

ガイラは息せき切りながらも若松監督の要望に応えようと走りまくった。

私はよく小水ガイラから東北の訛りのある言葉で「あれして、これして」と愚痴られたものだ。

若松プロの多くの助監督を経験したなかでも、最も頑張ったのが小水ガイラではないか。

若松プロの助監督たちは師弟関係みたいなもので、当時、決まった給与はなかったはずだ。若松に言わせると、その頃の助監督に対しては「見習いで勉強させてやってるんだ」ということで、小遣い程度のお金で茶を濁していた、と思う。今日ではそうはいかないが、当時は若松プロではそれが「正当」でもあった。

したがって、小水ガイラにしてもいつもピーピーしていた。我慢できなくなると、「監督、お金、少し貸してください」と、ふくれっ面で言うこともあった。

金銭的には恵まれない小水ガイラや秋山などの助監督ではあったが、「若松映画」に惚れた弱味で若松監督からしごかれるのが快楽となって成長していった。

私が若松プロを去った後、小水ガイラは若松プロで『私を犯して』(昭和四十五年)で監督デビューを果たした。

「監督、そこのところ、僕はおかしいと思います」と、ときには抵抗していた小水ガイラの風貌が、五十年経ったいまでも目に浮かぶ。

異能の男たち

若松プロで私がどのくらいの作品に関わったのか、「製作主任」としてクレジットがあるものの、ないものを含め、作品名を記すと、若松監督では、『性の放浪』『性犯罪』『新日本暴行暗黒史　復讐鬼』『犯された白衣』『日本暴行暗黒史　異常者の血』『乱行』『続日本暴行暗黒史　暴虐魔』『腹貸し女』『肉体の欲求』『金瓶梅』、大和屋竺監督では『荒野のダッチワイフ』『毛の生えた拳銃』、山下治監督では『性の復活』『真実の処女』、山本晋也監督では『変質者』、足立正生監督では『性地帯』までだったと思う。

若松プロはピンク作品を作っているが、配給の関係で「ピンク」とは謳っているが必ずしもピンクとはいえない作品もあった。裸の女やセックスシーンがあっても、「これでもか、それゆけ」と、エロシーンのオンパレードではなかった。『復讐鬼』『荒野のダッチワイフ』『性地帯』などは、社会への反抗映画だと思う。

なお、若松映画、若松プロ製作映画の解説については、第三者による『増補決定版／若松孝二反権力の肖像』（四方田犬彦・平沢剛編、作品社、二〇一三年）や『性と暴力の革命』（鈴木義昭、現代書館、二〇一〇年）などの評論をお薦めしたい。

ピンク映画の革命集団、若松プロには才能、いや異能を秘めたシナリオ作家や俳優たちが蝟集していた。

日大映研で自主製作の『鎖陰』によって学生映画界の寵児となった足立正生。日活『殺しの烙印』鈴木清順監督の助監督であり、鈴木監督作品を中心としたシナリオ作家で、のちにテレビアニメ『ルパン三世』の脚本家としても有名な大和屋竺。松竹の大島渚、篠田正浩と共にヌーヴェルヴァーグの旗手、吉田喜重の助監督、後年、テレビアニメ『まんが日本昔ばなし』のメイン脚本家として一二三〇本のシナリオを担当した沖島勲。そして山下治も加わってのフル回転。

俳優は若松監督お気に入りの状況劇場の吉沢健、状況劇場の親分、唐十郎など。

そして雑誌「映画評論」の佐藤重臣、政治運動家・映画評論家の松田政男、評論家・ドイツ文学者の種村季弘らが、若松プロを言論によって後方支援した。特に佐藤重臣は、若松プロ御用達の評論家であった。

私にとっては、なかなか得体の知れない、小柄で頬のこけたサングラスの男、松田政男の「政治」に感化されていった当時の若松プロの「台所」は、必ずしも楽ではなかった。

「坊や、一本撮れよ」

若松監督自身の作品は、「商売」は織り込み済みで作っているが、「ピンク」に徹した山本晋也以外の監督たちは「芸術作品」へのこだわりが強く、あまり商売にならない。

「カネがなければ、いくら偉そうなことを言っても映画は撮れない」が持論の若松があるとき、私に「坊や、どうだ一本撮ってみるか？」と言った。製作主任である私に「監督をやらないか」と言ったのである。

「エッ、監督をですか？」

「お前さんなら撮れるだろう。ピンク映画なんだから、やってみろよ」

若松は商売になるピンク映画を量産したかったのだ。その裏には「台所」が決して楽ではないという事情もあったのだろう。そんな状況を打破するため、ピンク映画が量産できる若松プロの新監督として「坊や」の私に白羽の矢が立ったのである。

本来なら「監督」への道を歩んでいる助監督を起用すべきところだが、小水一男や秋山未知汚などの助監督は、まだ助監督でも駆け出しの存在だ。沖島勲は絵に描いたような優秀な助監督だが、若松にすれば、足立や大和屋同様、「エロに徹した映画」は撮れないと考えたのだろう。

先に記したが、私は青年群像の山下治監督作品で、肩書は曖昧ではあったものの、助監督の象徴であるカチンコを叩いたりもした。私が山下を若松プロに紹介したことで、そのようなことを山下から聞いていたのだろうか。

ピンク映画の監督に対して失礼だが、正直、ピンク映画なら監督ぐらいはできると思っていた。ピンク映画の初期は、ちょっと「映画」をかじっていれば監督ぐらいできる、いやさせてもらえるという時代だった。カットなんて、引いて、寄って、肩なめて、また引いての繰り返しでなんとかなるものだ。脚本だって書く気になれば「ピンク映画のストーリー」ぐらい、すぐに書けるという自負はあった。

しかし、私は監督を目指してはいない。プロデューサーを目指していた。勉強のために監督をやるのも糧になると思うが、「やってみます」という言葉は出なかった。

「俺はピンク映画の監督をやるために東京へ出たわけじゃない。俳優になろうと出てきたのに、ピンク映画の監督じゃ故郷に錦は飾れない」という思いもあった。すでに家庭を持っていた私は、家人や子供に「ピンク映画の監督やるよ」なんて言えないし、言ったとしても反対されることは目に見えていた。

家人の実家は東京・北区にあり、父は学者で国語辞典の筆者で、志賀直哉との交流もあった。兄や姉はみな、一流企業に勤めていた。そして、私と一緒になる前の家人は教師を目指していたという、おかたい一族なのだ。そういった手前、「ピンク映画監督」はできなかった。

別にピンク映画が悪いとかいけないということではないし、差別しているわけでもない。ピンク映画の監督たちの出自を見ても、「ピンク」が似合わない人も多い。本人たちも率先してピンク映画の監督に転じたわけでもないと思う。役者として芽が出なかったり、大手映画会社で監督になれなかったとか、生活のためとか、止むに止まれずピンク映画の監督になった人も多いはずだ。だからこそチャンスがあれば一般映画へ進出し、ピンクを返上した「監督」になるのである。

監督だけではない。撮影や照明、音声の技術スタッフにしても、俳優にしても、一般映画というメジャーまでの「仮の姿」の仕事なのである。後年、それを実践したのが若松孝二だった。

私が監督をすれば、観客を興奮させる自信はある。もし弥山監督作品が受けたら、若松は「儲け」のために次々と私に監督をさせるだろう。観客を呼べる監督になるはずだ、いやなる自信はあった。そうすれば、若松プロは儲かって、「ピンク映画」を私に任せ、本人たちは早く「一般映画」へと進出できたであろうと思う。若兄ィを助けるのであれば、変名でやる手もあった。実際、梅沢薫や渡辺護は変名でクレジットされた作品もある。このようなことが一瞬脳裡をよぎった。

「坊や、すぐとは言わないが考えといてくれ」と、若松は言った。

数日して、「若兄ィ、あの話、なかったことにしてください。気持ちはありがたいですが、俺は製作一本でやっていくつもりです。助監督を先に監督にしてやってください」と断った。

「なんだ、せっかく監督にしてやろうと思ったのに。そうか、それは残念だな。分かった」

それっきり監督の話は出ることはなかった。

若松孝二という男は深追いする性格ではない。「去る者は追わず」という性格だ。

若松と私のあいだで、このような話があったことは、若松監督の盟友、足立正生も知らないし、誰も知らない秘話であろう。

M・H姉さんとの再会

その頃、若兄ィの東京での初恋の女、M・H姉さんと、どこだったか忘れたが、ばったり出会った。東京は広いが、ばったり出会うところをみると案外狭いのかもしれない。

「坊やじゃないの?」という声で振り返るとH姉さんであった。

若松孝二が「あること」で姿を消したあいだに、H姉さんに別れを告げてから約九年ほどの年月が流れていた。

「坊やどうしていたの?」

「姉さんは、いま何してるの?」

それ以上、言葉が出ない。

「坊や、話がいっぱいあるの。時間があるとき、今度寄ってよ」と言葉を詰まらせながら言った。

後日、教えられた住所を尋ねた。下北沢北口、閑散な住宅街にある日当たりの良い貸間に住んでいた。

九年振りに会ったあの日は夕昏で容姿は曖昧だったが、久しぶりに見た姉さんの顔はひどく痩せて頬がくぼんでいた。尋常ではない。「結核じゃないか?」と直感した。私も一年近く結核で入院していたのですぐにピーンときたわけだ。

「どうしたの、その体は?」と訊いた。するとH姉さんは淋しげに、「バカ松がね、あのバカ松が……」と今にも泣き出しそうな声で訴えるように言った。

話の順序なんかはない。

話はバラバラだが、H姉さんの話を要約すると、「坊やが淡島のアパートを出てから三カ月後ぐらいに若松が帰ってきた。二年ほど一緒に暮らしたが、若松に新しい女ができて出て行った。自分は女優の夢を諦め、アルバイトで生活をした。そのうち結核になった。若松が監督になったことを知って連絡を取り合うこともあるが、縁は切れたままで赤の他人だ」というような話をした。

「アイツはね、私を散々利用して棄てたのよ。私はこんな体になっちまって。家(九州の実家)に帰ることもできやしない。だって坊や、知ってるでしょう。アイツと二人で私の親に結婚の許しをもらいに福岡に行ったんだよ。それがこのありさま。親に合わせる顔もありゃしない。帰ることは許されないのよ。故郷が恋しくても、もう帰れない身なのよ」と、悲しげな瞳で訴えたのだった。

何も言えなかった。都会のはぐれ鳥——Hも私も懸命にもがいて生きた現実の姿であった。

「病院行ってるの?」と訊くと、「入院するほうがいいのだけどそれもできやしない。ここは日当たりがいいから自宅療養で治してみる、そういったところなのよ」

「若兄ィは病気のこと知ってるの?」

「知ってる。でも大したことないと他人事なのよ。少しばかり援助してもらったけど。勝手にしろという態度よ。アイツはああいう男なのよ」

一方的な話で、私は「そうなのか……」と思うだけだった。

「でも姉さん、まだ惚れてるんでしょう?」

「惚れちゃなんかいないよ。そんなこともあったけどとっくの昔。いまはアイツの顔を見るのも嫌になった。坊やと一緒ならこんなことにならなかったのにね。坊や、私と一緒に暮らそうか？冗談よ冗談。ところで、坊やはあれからどうしてたの？」

私のこれまでを話すと、「坊やもたいへんだったのね。私も頑張るから坊やも頑張ってよね」と言った。積もる話も半分くらいしか話せないままH姉さんと別れた。別れ際、「ちょくちょく顔を見せてよ、寂しいから……」と言った。表情はとても寂しげだった。瞳が潤んでいるように見えた。

一、緑《あお》い田んぼの　ふる里捨てて　何かが欲しくて　東京に
夢みて焦がれて　飛んできた　どこにもいるよな　女です
赤い　赤い雀の　ブルースよ

二、恋も化粧も　欲しくはないの　命をかけます　東京に
明日《あした》がどんなに　暗くとも　真っすぐ生きてく　女です
赤い　赤い雀の　ブルースよ

三、夢の小枝を　つかんで立てば　一人じゃないのよ　東京は
優しく包んで　風が吹く　どこにもいるよな　女です
赤い　赤い雀のブルースよ

（「赤い雀のブルース」唄・丘なる実、作詞・丘まり子、作曲・もりいづみ）

「姉さん、また寄らせてもらいます。身体も労らないといけんよ」と、下北沢駅北口へと続くだらかな坂道を、やるせない気持ちで歩いたのだった。

だからといって、M・Hに対して手助けすることができない。人を助ける魔法は下衆《げす》な言い方だが「お金」しかない。大概のことなら金で解決できる。Hの場合も必要なのは慰めの言葉より金だ。しかし、私にはまったく無力だ。恩人でもある人に、無情を余儀なくされている自分という存在が恨めしい。ただ、「姉さん、すみません……」と思い、頭を下げるほかなかった。

その後、M・Hのもとを二度と訪れることはなかった。そして、私の記憶のなかからいつしか消えていった。それにはわけがあった。

数日後、若兄ィと私とのあいだで次のようなやりとりがあった。

「坊や、お前、Hと会ったんだってな」

「ええ、会いましたが……」

「お前、いつからだ。Hといつからできてた(男女の関係)んだ」

「できてた?」

「俺の知らん間にHとできてたんだろう。Hが白状したぞ」

「ちょっと待ってよ。なんで俺がHとそういう関係にならないといけないの。大概にしてよ」

「まあええ。Hと俺はもう関係ねえんだから」と、プイッと席を立った。

思うに、M・Hが若兄ィに「坊やと会ったよ。訪ねてきたよ」と報告し、それを聞いた若兄ィがHに対して、私のことを根掘り葉掘りしつこく聞いたに違いない。Hは閉口して、思わず意味深なことを言ったのではないか。それを真に受けたか誤解したか、それとも何か含むところがあったのか……。若兄ィとHは、いまは他人であるにせよ、それはそれとして、まだ繋がりがあったことがわかった。

私はM・Hに対して真意を正すことはしなかった。M・Hに言えば事が大きくなることは目に見えていたからだ。M・Hとの繋がりを断つことが「三人」が丸く収まる最善の策だと考え、M・H姉さんとも縁が切れることになった。

誤解によって二度と逢うことはなかった。人生は儚い。

若松プロを去る

それが原因とはいわないが、これもまた切っ掛けとなって若松プロを去ることに繋がっていた。「坊や、監督やってみるか?」と、チャンスをくれたにもかかわらず、それを断ったこともあって、なんとなく若松と私のあいだには隙間風が吹いているような、そんな空気を感じていた。ひょっとしたら、「オイ弥山、もういいよ」と、私の役目が終わったと暗示したのではないか。

若松は助監督や作家を大事にする。他方、製作は小間使いだと思っていたのではないか。もし私が監督をしていたら作家陣の一員として一目置かれる立場になっていたのではないか。それを断ったことから、若松の心のなかに亀裂が生じたのではないか。だとしたら、自ら去るほうが若兄ィのためだと思うような心境になっていた。

さらに、決定的な決意をしたのは、若松孝二監督の大作、伊丹十三・真山知子主演の『金瓶梅』（松竹配給）があった。製作は松竹系のユニコン・フィルムだが、製作スタッフはオール若松プロだ。撮影、照明、助監督、もちろん私も加わっている。

作品は、中国古典の時代劇で、梁山泊の「水滸党」の豪傑たちが登場することから、廃墟の城跡、城内などのロケセットは御殿場で組み、監督以下全スタッフは長期にわたって現地の旅館に泊まり込むという、ピンク映画では考えられない大掛かりな撮影だった。

ロケハンには若松監督、シナリオの大和屋竺、チーフ助監督の沖島勲、そして私の四人で御殿場をかけずりまわってセットの場所を決めた。水滸党の豪傑たちが乗る馬は、十頭から多いときは二十頭の馬を手配し、調達するには現地の「孫《まご》さん」に協力を求めた。

若松プロでは御殿場の孫さんを知っている人はいない。知っているのは私一人だけ。なぜかというと、フジテレビ『戦国群盗伝』（東北新社）で、群盗たちの馬の手配をするため、孫さん（長田孫作さん？）に協力を求めて調達してもらったことがあった。御殿場で時代劇を撮る場合、馬が必要なときは孫さん詣となる。黒澤明監督の『七人の侍』などの馬はすべて、孫さんが担当というほど、御殿場での時代劇にはなくてはならない人として有名だった。

製作主任が蚊帳の外

撮影は困難を極めた。現場は見渡す限り荒野だ。荒野のロケセットのなかを豪傑たちが乗る馬が走る。助監督はたいへんだ。チーフ助監督の沖島勲の下の秋山道男、中島健二郎はいまにもぶっ倒れるのではないかと心配するほどかけずりまわっていた。

私は馬の手配、撮影本部になっている御殿場の旅館に待機している俳優や、撮影が終わった俳優を旅館に送るといった役目で終日追われていた。途中から大島渚監督の創造社から、製作の応援ということで知久(秀男)という人が加わった。なぜ創造社なのか知る由もなかった。

知久は製作担当あるいは製作主任として、つとに知られた存在で、私の製作主任と知久の製作主任とでは、比較するのもおこがましいが、キャリアは「月とスッポン」というほどだった。

知久が御殿場の撮影現場に初めて来たとき、「弥山クン、製作は君一人でやってるの？　進行はいない？　そりゃ無茶苦茶だ。一人でできる現場じゃないよ」と、半ば呆れながら言った。

メジャーと遜色のない大作映画でありながら、従来のピンク映画の少人数スタッフで賄って、増員スタッフはゼロであった。しかし、誰一人不平不満を言わない。少人数で映画を作ることに馴らされ、馴れていたからである。

激務ではあったが、私も、沖島・秋山の助監督も、ハードな監督補佐をした。特にチーフ助監督、「沖島勲なくしては作品はできなかっただろう」と言われるほどの助監督ぶりを発揮した。足立や大和屋も助監督として現場に出たが、本来の助監督をしたわけではない。若松監督の相談相手みたいな存在で、実質的な助監督は沖島、秋山、中島の三人であった。とりわけ秋山は、連夜、旅館で今日の撮影、明日の撮影のことで罵倒される、しごきにあいながらも頑張っていた。

中国家屋のセットは東映東京撮影所を借りて大掛かりなセット撮影が行われた。主役の伊丹十三の西門慶が屋敷で月日を忘れて女と酒に溺れる日々。大きな窓を開くと桜が満開だ。西門慶はさらに女と酒の日々で痩せこけた姿で窓を開けると雪景色。ハッとするような見事なシーンだった。

私はそのシーンを見て感動し唸ったものだ。セットにクレーンを入れ、自在に撮る演出ぶりに、「もはやピンク映画の若松監督ではない。メジャーの監督を凌駕している」と驚いたものだ。

さらに「地位が人をつくる」というが、若松はピンク映画とはいえ、誰よりも早い時期に監督になった。「俺には監督が合っている」という自信が貪欲な向上心となり、「どんなもんだい。学歴のない俺が、学歴のある理屈垂れの連中よりも商売になる話題作を撮っている」という映画づくりに対する絶対的な自信が、「鬼才」映画監督の地歩を築いたのだ。

私は素直に若兄ィに脱帽したのであった。

めしが食えて映画が撮れる

若松映画はピンク映画からスタートしているが、私が若松プロにいた頃の作品もそうだが、私が去った後、さらに刺激のある問題提起型の異色作を発表している。

例えば「キネマ旬報」のベストテン入りも、『水のないプール』(一九八二年、七位)、『われに撃つ用意あり』(一九九〇年、六位)、『寝盗られ宗介』(一九九二年、八位)、『実録・連合赤軍あさま山荘への道程』(二〇〇八年、三位)、『キャタピラー』(二〇一〇年、六位)とランク付けされている。

若松孝二は監督と同時に、若松プロの経営者であり製作者だ。つまり、映画を作り続けていくにはお金を稼がなければならない立場にある。

若松は「組織づくりをやるにも、まず自分たちがオマンマを食うこと、それが先決だと思うね。メシも食わないで、何が革命運動だって気がするんだよ」と自著で語っているが、この言葉の裏を返せば「映画を作るには、まず自分たちの生活が困らないことが先決。メシも食えないのに映画を作ろうというのはおかしい」と指摘しているのだ。

そのため、「映画撮っていない時は、昔から〈サメのエキス〉を売ったり、毛皮のコートを安く仕入れて売ったりして、メシが食えるようにしてきた」と。つまり、金がないと何もできない。ピンク映画なら徹底して客の呼べるピンク映画にする。そして金の余裕ができて初めて「遊びの映画」が作れて、他の監督に撮らせることができる、というのが若松プロの映画作りなのだ。

若松監督がベストテン入りを狙って映画を作ろうと思えば簡単だ。何度も記しているが、大和屋、足立、沖島という異色の作家たちが若松プロにはいたからだ。しかし、「評価される作品」と「商売になる作品」は必ずしも一致しない。映画は芸術か娯楽か、テレビはジャーナリズムか娯楽か。両方共娯楽というのが私の考えだ。

「賞」が狙える、あるいは貰える芸術作品について、次のような見方ができるかも知れない。

映画に蓮實重彦くんだとか佐藤忠男くんとか、彼らの理論とか屁理屈、余計なものが入っちゃうと、監督が蓮實や佐藤、そいつらのほうを向いて撮る。そうすると屁理屈の多い、愚にもつかない映画になる。

最近調子よかったロマンポルノがダメになっていったのは、「キネマ旬報」とか「映画評論」でその手の奴が批評してくだらないことを言った。それを真に受けて監督が客の方を向かないで、映画雑誌のほうを向いて誉められようと思って撮ったから。

ところが批評書いてる奴らは金払ってねえから。試写なんて一銭にもならないんだから。商売なんだから映画館で十人見てくれたほうがよっぽどいい。批評家自身は、勝手に書くのが商売だからそれでいい。だけど映画監督が見習っちゃいけない。それをロマンポルノの監督は見習っちゃったんだ。

今はそういうことのために映画作ってるバカもいる。三千万ぐらいカネ集めて、考える映画作って、それで三千万回収すればいいっていう。そいつらのやっているのは要するに自主映画でしょ。自主映画って楽なんだよ。映画バカの同好者集めりゃいいわけ。こっちは会社を潤わさなくちゃいけないから、そうはいかない。

映画一本の下に何人も社員がいて、そいつらを食わせなきゃならないから。三千万円で撮って三千万円回収すりゃいいのと、五百万かけて何億も儲けを出さなきゃならないのと、作り方が違うんだ。

だから今ほど映画作るのが楽な時期はないよ。一千万あればマヌケな映画できるから、それをあっちこっちでタダで上映だ何だってやれば一〇〇人、二〇〇人は訳の分かんない奴が来る。元さえ回収できりゃいいんだから。しかもそういう映画が賞を獲る。


誠にするどい。真っ当な発言だ。この発言者は、日活全盛時の「裏の経営者」といわれ、また監督としてロマンポルノ時代『夜這いの海女』など海女モノのエキスパートとして活躍した藤浦敦が、自著『日活不良監督伝　だんびら一代　藤浦敦』で語っている。映画も娯楽第一ではないか。ヒットしなければ次の映画が作れない。そのあたりのことを若松孝二は理解しており、硬軟振り分けた映画を世に送り出す稀有な映画製作プロの代表なのであろう。

私なんぞ都落ちを余儀なくされたのも、若兄ィのこうした映画づくりのノウハウを学習しなかった感覚欠如によるものだった。

ついに決断

映画『金瓶梅』が終了し、確か足立正生監督の『性地帯　セックスゾーン』を手伝っていたときだったと思うが、私は若兄ィに「僕の役目はすでに終わったようなので、(若松プロを)去ります」というようなことを言った。

すると若兄ィは、「何でだ?」と言った。

「これ以上ここ(若松プロ)におっても身の置きどころがないし役に立たない。俺なんか無用じゃないですか。俺がいなくても助監督が代役できるし、小間使いはすぐに来ますよ」と、若干の皮肉を込めて答えた。

「何を言ってるんだお前。何を拗ねてるんだ。何か不満があるんなら言ってみろ!」と、少し怒ったように言う。

私が去る理由を言っても詮ないことであることは分かっているが二人の間柄だ。誤解があってはつまらないし、誤解でなくとも私の気持ちをキチンと伝えたほうがいい。後のこともあると考え思い切って本音で言った。

「手伝ってくれと言われこれまで手伝ってきたが、振り返ってみると『一緒にやろう』とは言わなかった。手伝うのであればもう十分働いたと思っている。これ以上手伝っても(俺にとって)あまり意味がないし、一つの区切りとして去る決心をしたわけです」

若松はジロリと睨むようにして、「俺は君にそんな軽い気持ちで手伝ってくれと言ったわけじゃない。君と俺の間柄じゃないか。それが何で分からないんだ」と言った。

「じゃあ言わせてもらいますが」と前置きして、「若兄ィが作家を大切にしたり、相談したりすることは映画づくりのスタートだから理解しているし、助監督を重宝することも当然だと思う。ですが製作を担当する俺には相談というか報告がない。次は何をやるのか、どう考えているのか等、俺はほとんど「つんぼ桟敷」(いまでは差別用語だが当時はそう言った)じゃないですか。俺より助監督のほうが早く知って、面子のため製作の俺は知ったかぶりをするしかない。足立さんなんかの作家はともかく、製作全般を担う俺が何も知らないでは肩身が狭いじゃないですか。監督は一時はプロデューサーを志していたはず。いまでも代表だからプロデューサーでしょう。私もプロデューサーを目指している。同じ製作であるのに、製作担当の俺を軽視している。俺より助監督のほうが大事で上ですか。俺は助監督の下ですか。俺は下だと思っていない。助監督より立場は製作主任のほうが上に決まってるじゃないですか」と長口舌をした。これまで若兄ィに対して、これだけのことを言ったことはなかった。若松は黙って聞いていた。私はさらに畳みかけた。

「俺は『金瓶梅』の詳しいことは何も知らされなかった。若松プロの製作と思っていた。知久さんのことだって前もって聞いていない。どういう立場で途中から加わったのか。俺じゃ頼りにならんからと言うんだったらそう言ってくれればいい。相当できる人でしょうから彼の下で働きます。あの現場(御殿場)で、俺は製作部は一人でやった、応援もなしに。俺以外あれだけのことができる奴がおりますか。見も聞きも知らない人が突然現れて、『弥山クン、一人でやってるの?』と呆れた顔で言われました。俺にとってあの人は何ですか。上司として迎えたんですか。若松プロの俺としては突然現れた上司に、どう対処していいか困った。助監督は知ってても、肝心の俺は何も知らない。情けなかったですよ。監督は製作の立場を一番分かっているはずだ。昔を知っている俺がいないほうが監督もやりやすいんじゃないですか。だから、ちょうどいい切っ掛けだし、辞めます。

俺がいなくたってちっとも困らないはずだから」と、言いたい放題。

心のなかで「俺は『金瓶梅』の完成試写も見ていない。知らされなかった。だからどんな作品に仕上がったのかも知らない。若兄ィ、どう思ってるの？」とも言いたかったが、それはやめた。

若兄ィは黙って聞いていた。

「そう思うんだったら仕方ない」と、弁解も残れとも言わなかった。

引き止められても残る気は失せていたが、若松孝二という男は、自分の弱さや弱味を見せることは絶対にしない。その性格が「バカ松」と揶揄されたり、「くだらん映画」と貶されても意に介さないのだ。「我思う道をひたすら歩む」という強靭な精神こそが、「ピンク映画の巨匠」「一般映画の鬼才」となり得た所以だ。

少し重苦しい沈黙が続いた。

「M・Hとは本当に関係ないのか？　坊や、また俺の前からいなくなるのか……」と、ポツリと言った。

十年ほど前、淡島のアパートに住んでいた若松と私。ある日、若兄ィがいなくなった。結果、私も淡島のアパートから去った。このことを若兄ィは言っているのだ。

そのことをいまさら言うこともない。私は若兄ィが消えた原因を知っているが、口に出すのはタブーのような気がした。若兄ィだっていい気持ちはしないはずだ。それでも「俺の留守のあいだに消えちまった坊や」を想い出し、ひとこと言いたかったに違いない。

しかし、淡島を出て行かざるを得なかった私の気持ちを言ったところで詮ない過去のことだ。議論をしても仕方がない。その件で誤解されても仕方ないので黙っていた。

「お前、Hと本当に何もなかったのか?」と、M・H姉さんのことをまた引っ張り出して蒸し返した。「なんだ。また同じことを言うのか。姉さんも俺も信じていないのか。ヤキモチ焼いているのか」と思わずにはいられない。

若松孝二は、〈おんな〉には貪欲なところがある。気になる女がいると平気でちょっかいを出す。若兄ィには失礼だが、あの顔で、あの言葉で、あの容姿であるのに、なぜか〈おんな〉にモテる。それほどモテる男が、私を疑い、しつこく嫉妬している。M・H姉さんを棄てたのに……。

「もう大概にしてください。あんなにいい女《ひと》が苦しんでいる。昔のことを思うといたたまれない、そんな気持ちがあって当然じゃないですか。二人が別れていたなんて信じられなかった。なぜですか。俺が口ばし入れる筋合でもないけど可哀想だと思っただけです。そうでしょう。若兄ィから前も同じことを言われ、誤解があるのでその後一度も見舞いには行っていない。切れたままだから、永遠に会うことはないです。俺も辞めるし、みな縁が切れる。ありがとうございました」と言って、別れを告げた。

「そうか……坊やのことだからどこへ行ってもやれると思うが、それじゃ、まあ頑張れや」と、若兄ィは言ったのだった。

二度と会うことのない別れ

これが若松孝二との別れであり、二度と会うことはなかった。

また、若兄ィの「女」の原点であるＭ・Ｈ姉さんとも、あの日以来、会うこともなかった。

一九五七（昭和三十二）年、下北沢の文化芸術学院で初めて出会った若松孝二。そして祖師ヶ谷での五人の共同生活。さらに若松、Ｍ・Ｈ、私の三人での共同生活を送った淡島から十二、三年。年月は長くもあり短くも感じた。かつて「若兄ィ」と呼んだ若松孝二との決別は呆気なかった。

五人組はみな俳優・役者志望の田舎者だった。夢に向けての人生もいろいろあって、離れ離れでそれぞれが未知の道を懸命に歩んできた。その道は田舎者にとって隘路であったし、その先は「けもの道」でもあったはずだ。

戦後の演歌界を代表する作曲家・船村徹が二〇一七（平成二十九）年二月十六日永眠したが、その船村が遺した最後の作品が、内弟子・村木弾が歌う「都会のカラス」だ。ちなみに、編曲の蔦は船村の子息で作曲も手掛けている。

♪（カァ　カァ　カァ）
身体いっぱい　夢つめこんで　燃えて巣立った　あの茜空
たぎる想いの　三年五年　いつか迷子の（カァ）　都会のカラス
風にまかれて（カァ）　吹きっさらし

♪右は冷たい　左は暗い　羽をつぼめて　また行き止まり
尖るばかりの　心の片隅で　明日を見上げる　都会のカラス
今日の日暮れも(カァ)　泪いろ
(作詞・舟木一夫、作曲・船村徹、編曲・蔦将包)

東京へ出てきた田舎者、若松や私、昭和三十二年に出会った五人組の都会で生きていくありようのような歌詞は感傷を誘う。

東京近郊の若者たちが夢を追うのとは条件が違う。東京に実家があれば大方、衣食住も守られるのではないか。つまり、明日の生活に怯えることはない。しかし、地方出身者は、親からの仕送りなどで生活は守られ、学業も夢も安心して邁進できる。いわゆる「家出」同然の場合は、親を頼ることができない。自力で生きていかなければ「意地」が立たない。したがって生活を脅かされる。サラリーマンになるのなら話は別だ。映画界へ、ポッと出の田舎者が潜り込んでいく。上手く潜り込んでも、生活の保証などはない。映画会社の社員なら別だが、潜り込むというのはフリーとしてだ。フリーというのは、「実力があってのフリー」と解釈すれば格好はいいが、実力のない、ペーペーのフリーというのはフリーターみたいなものだ。

ピンク映画界での仕事、生活を余儀なくされた監督にしても、都会に実家がある人でさえ、夢が叶わず、その挙げ句、生活のため、「ピンク映画」という仮の姿で生きている人も多い。まして田舎を出奔したわれわれとは最初から条件が違う。

当時の田舎者、北は北海道、東北、西は九州や中国・四国地方。東京人にすれば大田舎だ。東京に出た田舎者たち、一目で田舎者と分かる容姿であるし、話し言葉は地方特有の訛りの強いお国言葉が行き交った。

若松は「上野」をいつまで経っても「ういの」から脱皮できなかったし、私は「死ぬる」と言って笑われた。死ぬるがおかしいのか。「る」はいらないというのだ。四国の村上生兄ィは「くすり（薬）」の「す」が上がって笑われた。この程度はいい。東北人や九州人の言葉は分かりづらい。

作曲家として初めて「文化勲章」を受章した船村徹のエピソードに、「昭和二十四年に東京音楽学校の授業中、ある生徒が立派な日本語で質問しているが、内容は支離滅裂。船村青年は『何言ってるんだお前』というのを、『チクコケ、コノー』と怒鳴った。『東北訛りだ』とみんなが笑った。船村青年は恥ずかしくなって、屋上に上がって汗を拭いていたら、後ろから肩を叩く奴がいた。振り向くと、ニコニコ笑いながら、『ああ、オレ、茨木だっぺよ』と、僕よりもっと訛っている奴が立っていた。それが高野公男（作詞家）との出会いだった」

つまり、昭和二十、三十年代の地方出の若者は、みな訛っていたのだ。私や若松だけではない。

その頃はそれが当たり前だった。今日のように全国津々浦々にテレビは入り、インターネットやスマートフォンが普及し、あらゆる情報が東京と共有され、地方の人間が、突然、東京に現れても誰も田舎者と分かる人はいない。東京に来ればそのときから、話し言葉、容姿、すべて東京人そのものだ。いや、地方人のほうがオシャレな時代かも知れない。

いまは地方も都会も一緒だ。しかし昭和三十年代の東京、華の大都会の「田舎者」の若松や私は、明日の映画界を夢見て喘いでいたのだった。

映画屋は田舎者

夢の映画界ではあったが、映画に関わる人びとはもとは都会人ではなく、大方、地方出の田舎者だった。当時はそのようなことを考えたこともなかったが、五十年経って本書を書くに当たって、面白い記事を目にした。

雑誌「文藝春秋」(二〇〇六年五月号)の「われらの昭和三十年」という特集で、石原慎太郎が『太陽の季節』と弟・裕次郎」と題した記事に、

昔から憧れていた映画の世界を覗いてみると、一番先端的な娯楽を作っているはずの活動屋たちは、監督も、撮影スタッフも、俳優も女優も、誰も彼もが実に田舎者で、私から見れば彼らの所作は実にこっけいなものでしかなかったな。

たとえば弟が本格デビューを果たした『狂った果実』(昭和三十一年)のロケを湘南でやったとき、スタッフの誰もがヨットやモーターボートを初めて見た、という。クルーザーがあると「あれ、寝台のついてるヨットがあるぞ」などと驚いている。また、弟が操るヨットを撮影する場面では、監督の中平康さんが「なんでカメラに向かって真っ直ぐに走ってこないんだ?」

と怒鳴るのですが、弟はまったく動じることがなかった。

「何言ってんだ、ヨットは風に向かっちゃ真っ直ぐ走れねえんだよ。モーターボートじゃないんだから。ならあなた、やってみなよ。カメラでパンして追やあいいじゃないか」

どこ吹く風で言ったものです。

石原慎太郎は活動屋（映画屋）はみな田舎者と断じている。「田舎者」が地方人を指しているとは限らないが、大方、東京の地方人、即ち田舎者と、ちょうどわれわれが上京した頃と照らし合わせて、私なりに拡大解釈すれば「東京といえども結局は昔もいまも地方人が主流だ」と、笑いがこみ上げてきた。

「東京人」といえば、五、六十年前は憧れだったと思うが、その頃の純粋な東京人、いわゆる親子三代もしくは二代続く「江戸っ子」東京人は一割程度に過ぎない（当時東京の人口は約三八〇万人）。つまり九割は「地方人」なのだ。

華やかな映画界も、ほとんどは地方人で、文化度も田舎者であることは、石原慎太郎の談話でわかろうというものだ。われわれ「五人組」も九割のなかの一粒であった。

そのなかで抜け出した若松は、ピンク映画監督からスタートしたが、作品はセックスを柱にしたものの、内容そのものは全学連の反戦闘争という時代背景をバックに「反権力」という思想をちりばめた作品を製作することによって、反骨の映画監督として売り出した。

学歴不問

松竹ヌーヴェルヴァーグの三大監督の出身は、大島渚監督が岡山県玉野市、吉田喜重監督は福井市、篠田正浩監督は岐阜市である。三人とも田舎出身者である。

しかし、映画界入りの原点が違う。大島監督は京都大学法学部卒業。吉田監督は東京大学文学部卒業。篠田監督は早稲田大学文学部卒業。そして松竹に入社している。

それに比べて、若松孝二は農業高校二年時に中退し、助監督として映画界入りしたのが一九六一(昭和三十五)年に製作されたテレビ映画『矢車剣之助』とされている。一九六三(昭和三十八)年、ピンク映画『甘い罠』(製作・東京企画)で監督デビュー。若松監督の名が知られ世を賑わしたのが、一九六四(昭和三十九)年、俳優が撮影中に死亡事故を起こした『誤審』(製作中止)。そして一九六五(昭和四十)年の『壁の中の秘事』(製作・若松プロ)であった。

ここでは、二人の評論家の著書から引用する。まずは『ピンク映画史』(二階堂卓也・著)から、

この時代に忘れてはならない作品に『壁の中の秘事』(一九六五年)がある。原爆症の傷跡が残る男、かつて学生運動に熱中していた妻、鬱屈した受験生、性に奔放なその姉といった人間たちの生態を描きつつ、団地という空間を当時の逼塞した日本の現実として捉えたとされる作品だ。ピンク映画と呼ぶには重いテーマだったが、その内容はともかく、この映画は第十五回

ベルリン映画祭(一九六五年)で「全参加作品中最も腹の立つ作品であろう。この若いプロデューサーは性の領域で描いてはいけないものがあることを知らないらしい」(「B・Z」紙)「現代日本の生活の窮屈さ、政治的混乱、道義の退廃を表現したかったのであろうが、力が足りなかった。観客がこの不潔なフィルムを冷笑し、口笛を鳴らしたのは正しい」(「ディー・ウェルト」紙)などと酷評されたことが話題になった。

毎日新聞の学芸部長で、同映画祭の審査員でもあった草壁久四郎は「ベッドシーンを見せどころにしている映画だから」(中略)「出来も三流以下とあってはまったく救いようがない」と書いた。見出しは「世界に『公開』した日本映画の恥」とある(同紙七月七日・朝刊)。この作品は一部で「国辱映画」とも評されたが、若松孝二の知名度を上げ、一年前の俳優溺死事故以来、「エロダクション」(まだそういう表記が多い)の存在を社会に知らしめた。ここから、若松孝二は単に興行主たちを喜ばせ、観客を楽しませるために映画を作る一介の監督ではないことがわかってくる。

もうひとつは『ピンク映画水滸伝』(鈴木義昭・著)から、

波に乗る若松孝二は、『壁の中の秘事』(若松プロ/関東ムービー配給・可能かづ子)で、国際的スキャンダルを巻き起こす。

「カンヌ、ベニスとならんで三大国際映画祭の一つにあげられるこのベルリン国際映画祭には、ことしは予選を通過した二十二本の劇映画と三十七本の記録、短編作品が参加した。米、仏、伊はもちろん世界の主要映画国が代表団を送っているなかで、ことしは日本が代表団を出していないことが、開会式でもふしぎな感じを与えたようだが、六月三十日、問題の日本映画『壁の中の秘事』が上映されるにおよんで、くすぶっていたこの問題が一挙に表面化するにいたった。ことのいきさつは、この映画祭に、映連（日本映画製作者連盟）を通じて出品した二つの日本映画『兵隊やくざ』（大映）と『にっぽん泥棒物語』（東映）が、二本とも予選で落ちて、その代わりにドイツの輸入業者が買い取っていた『壁の中の秘事』が日本側（映連）の知らぬ間に、日本の正式参加作品として登録、発表されたことにはじまった。こともあろうにエロダクションの映画が、日本映画の代表として出品されるのはけしからん、というわけで、映画と現地領事館を通じて、映画祭当局に抗議が提出された。

（毎日新聞夕刊、七月七日、草壁久四郎記者からの現地レポート、傍点筆者）

若松監督は大手映画会社のなかでのエリート「ヌーヴェルヴァーグ」ではなく、四字熟語的に表現すれば、徒手空拳での「雑草・ヌーヴェルヴァーグ」の第一人者の地歩のなかにあった。

医師や弁護士、教師などは学業で資格が取れるが、芸術（画家、音楽家、小説家、映画監督にしても）は学歴で花開くものではない。名乗ることができても大成するとは限らない。問題は感性だ。

感性は学歴とは無縁である。高学歴だからといって「文」が書けるとは限らない。

「芸術は爆発だ」と岡本太郎画伯が言ったが、「感性の爆発だ」と私は解釈している。

若松監督は高校中退という学歴からすると落ちこぼれであるが、映画監督としての才能が花開き、異彩を放つ鬼才になったのは「感性の爆発」の賜物だと若兄ィを知る私は解説する。

若兄ィに比べて、まだ映画界で行き先の定まらない私は、ボタンの掛け違いか、あるいは知りすぎた弊害か、いろいろな思い違いもあって、袂を分かつことになった。若松孝二が言い出したことではない。私から切り出したことであった。

私が若松プロを去る原因について、誰一人知る者はいないはずだ。これまでのさまざまな件はすべて「若兄ィ」「坊や」の間柄での話である。

「さらば若兄ィ、さらば若松プロの同志よ」という感傷なんかまったくなかった。はぐれ鳥みたいなものだ。もし私が監督をやっていたらこうはならなかったはずだ。製作というのは会社側だ。スタッフからは「会社の犬」といえる存在であった。であるのに若松と私には亀裂が生じた。未練はなかった。淡々と若松プロを去った。

その後の若松孝二および若松プロの活躍は公に知られるところである。筆者が論じるものではないし、若松プロという「梁山泊」が水滸八星となぞらえられるまで、まだ無冠の剛の者たちが集まって切磋琢磨しながら、階段を駆け上がった人材は、数え切れないほど出現している。

石原プロへ

若松との秘話はまだ残っているが、ここでは流れの区切りとして、ひとまず若松から離れる。

「その後のお前はどうなったのか?」

早足だが都落ちして、東京を去るまでの四、五年のドラマを記したい。

映画『金瓶梅』で私の前に突然現れた知久秀男は、私より三、四歳上で、製作主任(製作担当)としては実績のある知られた人物であった。

大手映画会社の映画製作は、東映や松竹などは、現代劇は東京撮影所、時代劇は京都撮影所と別れているが、製作担当者(製作主任に統一)数ある中で、「製作主任のなかの製作主任」と呼ばれたのが、西(京都)の渡辺寿男、東(東京)の知久秀男ということを耳にした。

渡辺寿男は、先に記した井上梅次監督の香港映画(ショウ・ブラザーズ)のときの製作主任である。撮影は関東一円や信州でおこなわれたが、井上監督が「京都の渡辺」と指名して現場を預かる製作主任に呼んだほどの人物であった。

京都で「渡辺のおっさん」を知らない映画人はいない。そのとき、神のような存在の渡辺製作主任を私は深くは知らなかった。いぶし銀のような仕事振り、どのような事態が起ころうとも動じない渡辺の後ろ姿を見て、製作主任の何たるかを少し分かったような気がした。

一方、知久秀男、初めての人だ。どれほどの製作主任なのかは未知であった。

映画『金瓶梅』で、途中から加わった知久と私は忙しさもあって、ゆっくり話をする機会もないままだった。スタッフがオール若松プロということで、彼もスタッフの一員には成り切れないで映画製作は終わった。

ある日、その知久が私に会いたいと言ってきた。

しばしの雑談のあと、「弥山クン、何か仕事はあるの？　次も若松プロ？」と、訊いてきた。彼は私が若松プロを離れたことを知らなかった。

「いや、どうしようかなと……これからです」と正直に答えた。

「若松プロもいいが、君はまだ若い。新天地で勉強して人脈を広げないとフリーで生きていくのはたいへんだぞ」と言った。そして「もし君さえ良ければ石原プロへ行かないか。ルリちゃん(浅丘ルリ子)で『愛の化石』を撮る話があるんだ。僕は行くことにしているが一緒に行ってみないか？」と、仕事先を誘われたのであった。石原プロはスーパースター石原裕次郎社長のプロモーションであった。ぐっと心が動いた。

主題歌「愛の化石」(作詞・並木六郎、作曲・三木たかし)は、浅丘ルリ子が、

「悲しみの涙が　あの人の幸せに心をぬらした時　それをひとは　愛と呼ぶのでしょうか　孤独が私の胸にあふれた時　それをひとは　愛と呼ぶのでしょうか　お願い　教えてあなた　愛するって　愛するって耐えることなの」
♪夜が燃えて　とけるの　離さないで　このままで　いいのね　なぜか　こわいの～

と、歌って一〇〇万枚突破の大ヒット曲の映画化であった。監督は『私は貝になりたい』の岡本愛彦、脚本は『殺されたスチュワーデス　白か黒か』の鈴木岬一、共演は田宮二郎、高橋悦史、寺尾聰、渚まゆみである。製作は川野泰彦。石原プロで製作、日活配給作品であった。知久は製作担当、私はその下という条件で関わることになった。

助監督と製作担当の一触即発

簡略に四つほど記す。

一、初めて虎ノ門の石原プロへ行くと、知久さんから「コマサ」を紹介された。コマサ（小林正彦）は石原プロの名物番頭で製作を仕切っている。

「うちの映画づくりは製作中心だ。製作が頑張って良い作品が生まれるんだ。よろしくな」と、気さくに接してくれた。

数日経った頃だったか、私たち（スタッフ）数人で雑談をしているところへ、石原社長がひょっこり現れ、「オッス、みな元気か？」と、話しかけてきた。銀幕で観る「裕次郎」そのもので、緊張した。さらにどういうことか分からないが、私に向かって、「ヨ〜、頼むぜ！」とひとこと言って、踵を返した。銀幕で観たかっこいい裕次郎そのままだった。大スター石原裕次郎の印象である。

二、当時、日産自動車から初代スポーツカー、フェアレディZが発売されたばかりで、『愛の化石』では、テキスタイルデザイナー沢由紀（浅丘ルリ子）の愛車として、日産とタイアップでフェアレディZを劇中に登場させた。

真っ赤なZで銀座を走る。浅丘は運転できないということで、外からは分からないように製作進行の私が、浅丘の足元にしゃがんでハンドル操作をしたという幸運な話。

「みやまちゃん、もっと寄っていいわよ」

浅丘ルリ子はスタッフ全員の名前を覚えて撮影に挑むということを初めて知った。

三、この作品で知り合った脚本の鈴木岬一と意気投合。数年後、鈴木清順監督での映画製作を企画したが、作品を送り出すことができず、私は挫折して映画界から去ることになった。

四、撮影現場の進行を左右するのは助監督(チーフ)と製作担当者(製作主任)だ。

製作は撮影を円滑に進めるためのロケハン、ロケ交渉、撮影現場での食事や宿泊手配、スタッフやキャストの世話、そしてスケジュールどおりに撮影が進んでいるかどうかを監理する「現場監督」である。

助監督は「監督」の要望や要求を聞いて、助監督としての仕事の範疇を越えた要望等は製作部に相談して解決する、文字どおり監督を「助ける」下僕である。

したがって、よく知る者同士の「コンビ」がベストだが、知らない者同士がくっつくと対立し、諍いになることもある。

『愛の化石』では、チーフ助監督の飯田總だったか、飯田が自分の意向を製作担当が耳を貸さないと思ったのか、その日の撮影後、製作進行の私に、「弥山ちゃん、俺、腹立ってんだ。知久クンと勝負（喧嘩）せにゃいけんと思ってる。どうも腹の虫がおさまらん。やってもいいだろう」と言った。なぜか私は飯田と仲が良かった。彼から「弥山ちゃん」と寄ってきた。飯田は知久と性格が合わなかったからかもしれないが、それで先に私のほうに仁義を切ったのだった。

「飯田ちゃん、喧嘩はよくない。ちゃんと話せばいいんじゃないの。俺が知久さんに話すから二人で話し合ってよ」

私が間に入って三人で会った。しかし話し合いもクソもない。飯田が口を尖らせて噛みついた。知久は仁王立ちになって身構えた。何しろ二人とも巨漢だ。

私は一七六センチ、六十八キロ。背は人並みよりちょっと高いが、体形はスリムだ。しかし、飯田は身長は私とほぼ同じだが、体重は九十キロ以上ありそうだ。

一方の知久も身長はほぼ同じ、体重も飯田と同じ九十キロぐらいありそうだ。その二人が対峙した。飯田は頭から湯気が立ち込め、顔を真っ赤にしている。知久は冷静沈着だが目が座っている。

「できないものはできないんだ。分かってるんじゃないの！」

「俺は監督にやらせたいんだ。監督がやりたいと言うんだからやらせたっていいじゃないか！」

「予算がオーバーしているんだ。スケジュールだってオーバーだ。いくら監督の要望だといってもできないものはできない！」

「なんだとこの野郎、やってやろうじゃないか！」

飯田チーフ助監督はいまにも殴りかからんと詰め寄った。

「仕方ないな。喧嘩はしたくないが受けて立とうじゃないか」

知久は上着を脱ぎ捨てファイティングポーズを取った。腕力には二人とも自信がありそうだ。チーフ助監督と製作担当は、ややもすると対立する立場にあるが、だからといって撮影中に殴り合いというのは例がないのではないか。

「とにかく止めてください。やるんなら撮影が終わってからにして。立場上、言いたいこともあるだろうが話せば分かる。同じ仲間でしょう。二人とも冷静になってよ」と、私は二人のあいだに立った。

「弥山ちゃんがそう言うんなら手を引くよ」と飯田。

上司に当たる知久には目配せして引かせた。二人は冷静になって話し合った。

「俺もカーッとなって悪かった。でも少しは俺の言ったことも理解してよ」と飯田。

「そういう態度で来るんなら、前向きに考えるよ」と知久は応じた。


聖書の冒頭には、「初めに神は天と地を創造された」とあるが、すべて、ものを生み出すには「初め」がありということであり、映画製作に当てはめると、初めは企画者の製作・プロデューサーである。プロデューサーなくして映画づくりはない。プロデューサーから現場の全権を預かっているのが製作主任である。製作主任の下に製作進行がおり、さらに製作係(部)が存在する。製作は組織的には会社であり、個人的にはプロデューサーが頭である。

私は若松監督からピンク映画監督の要請があったが断った。プロデューサーを目指しているから、と。まずは一流の製作主任になることが目標だった。

映画の全盛はわずか七、八年

『愛の化石』が終わって知久秀男から、「どうするの、これから？」と聞かれたものの、業界に人脈もなく、次の仕事のあては決まっていなかった。フリーであるから次の仕事先を探さなくては食っていけない立場である。

「ひばりプロで〈ひばりのすべて〉みたいな映画を製作する。僕はそっちへ行こうと思っているが、一緒に来ないか？」と、知久は石原プロを紹介したときと同じように言った。

歌謡界の大スター、美空ひばりの「ひばりプロ」である。われわれの年代、それ以上の年代は、天才少女歌手、美空ひばりが出現して以来、みな、ひばりファンである。子供の頃、ひばり主演の『悲しき口笛』『東京キッド』『泣きぬれた人形』『鞍馬天狗　角兵衛獅子』などを観た記憶があり、大ファンであった。それだけにぐらっと心が動いた。

私は映画製作に携わっていきたかったが映画界は斜陽産業と化していた。劇場への入場者数も激減。入館者数のピークは一九五八（昭和三十三）年の約十一億二千万人。一九七〇（昭和四十五）年には約二億人まで激減していた。

一九七〇（昭和四十五）年一月、日活は本社ビルの売却を発表。四月、東宝は合理化のため撮影所の美術部門を分離。五月、経営危機に直面している日活と大映が共同配給会社「ダイニチ配給」を設立し業務を開始した。さらに東映も松竹も撮影所の閉鎖と合理化を発表していた。大手「五社」の新東宝はまだ映画好況時の一九六一（昭和三十六）年九月、倒産している。好況のように映ったが、観客が減っていた下降期という証明が倒産だった。

日活と大映の配給会社は一九七一（四十六）年十月一日、一年五カ月で関係解消されたが、日活はしぶとさを発揮し、「日活ロマンポルノ」を発足させ、ポルノ映画会社に変身させた。第一作は十一月二十日に公開した『団地妻・昼下りの情事』（主演・白川和子）、『色暦大奥秘話』（主演・小川節子）の二本立てでスタート。一方の大映は十二月に倒産した。

ちなみに一九七〇（昭和四十五）年八月、東映・大川博社長が死去し、新社長に常務で日本一のプロデューサーを自認する広島県出身、東京大学卒業の岡田茂が就任している。

私たち「五人組」が夢見た憧れの世界は、その全盛期はわずか七、八年でしかなかった。すでに家庭で映像が楽しめる「テレビ時代」であった。

「ひばりプロへ行かないか」と誘われたとき、「テレビの仕事をしてみたい」という願望もあった。しかし、映画界を夢見て都会に出てきたのだ。映画への執念も強かった。ましてや「ひばり映画」ということだった（注記▼芸能生活二十五周年記念映画の『ひばりのすべて』は井上梅次監督で、出演・美空ひばり、香山武彦、北島三郎、水原弘他。製作・東京映画＝日本コロムビア、配給・東宝、一九七一［昭和四十六］年十一月公開）。

断腸の思いという表現はオーバーかもしれないが、そのくらい断るのが辛かったが、なぜかそのときはテレビへのこだわりも強かった。

「ライオン奥様劇場」の製作会社

「知久さん、本来なら一緒に付いていきたいが、テレビへ行くことを考えているので……」と断った。

「そうか、残念だな。俺と一緒に来てくれると思ったのに。テレビへ行く当てはあるの?」

「すぐには……」

「フジテレビの番組を作っている会社が、いい製作主任がいなくて困ってるらしい。そこへ行ってみてはどうかな?」

「テレビは知らないし、いきなり製作主任はできないと思う」

「何言ってるんだ。若松プロで製作主任やってきたじゃないか。『愛の化石』での君の仕事振りなら十分務まる。僕が保証する。自信を持ってやるべきだ」

「東の知久」と異名を取る製作主任の知久は、業界に人脈があり懐が深かった。製作が現場を握っているという確固たる信念の持ち主だ。「東の知久」と言われるほどの人物だ。その人物から「ひばりプロへ行かないか?」と誘われたにもかかわらず、またよそ見した。

フリーは人脈が頼りだ。もし、知久さんと共に行動していたら、また違った映画人生があっただろう。未熟だった。思慮に欠けていた。のちに映画界から逃げるように都落ちを余儀なくされたのも思慮の浅さが原因だったが、その頃は気づかなかった。

知久さんの紹介でNMCというフジテレビの番組製作会社に世話になることになった。

新宿区河田町、電停（当時、都電が走っていた）河田町から近距離に、「NMC」はあった。同じ河田町にあったフジテレビジョンまで車で四、五分の場所。ビルの一階全フロアにあったNMCに赴く。社長の大橋正次に面談。大橋社長は小柄なガッチリした体格の男だった。

「どんな仕事をしてきたの？」と、大橋社長は訊いた。私はかいつまんで話した。

「じゃ次から製作主任としてやってみてよ」と、簡単に言った。

NMCは主にフジテレビ、昼の帯ドラマシリーズ「ライオン　奥様劇場（毎週月曜～金曜放送）」を一手に製作していた。提供「ライオン」のライバル「花王」は、TBSで「花王愛の劇場」（同じ時間帯）で、がっぷり四つに視聴率争いを繰り広げていた。したがってドラマづくりは命であった。

一九六九（昭和四十四）年、加賀ちかこ、太田博之の『兄嫁』で製作主任に就いた。テレビ映画であったが製作部は私の下に製作進行二人がいた。三カ月の撮影はまたたく間に終了した。役職に無我夢中で取り組み、製作主任として何をどうしたのか分からない、ただただ動いた。撮影開始一時間半前には現場に入った。撮影終了後も全員が帰ってから、現場を点検して最後に帰った。

キャリアの長い製作進行が、「主任が何もかもやって働きすぎたら、俺たちやることがなくなる。

主任は現場で一番偉いんですから、監督の話し相手でもしてデンと控えていてくださいよ」とクレームを受けたが、嫌味だったのかも知れない。

『愛の化石』では、製作主任と助監督(チーフ)があわや殴り合いの喧嘩……と先に記したが、助監督は監督の手足であるから、会社側の犬という存在の新しい製作主任の私と、どう呼吸が合うか気を遣ったようだ。

私もベテランの助監督を立てながら撮影進行を円滑に務めた。

作品が完成して、大橋社長が監督や助監督に私の仕事振りや人間性などを聞いたと推測するが、評判は悪くはなく、むしろ「案外、できる男」との評価をされたのかも知れない。というのは、次のことからそのように思ったのである。

プロデューサーという存在

フリーというのは、契約で仕事をするので、契約作品が終了すると先方の「ご苦労さま」で、ひとまず縁が切れる。そして次の仕事を求めて、のら犬稼業を余儀なくされる。

ところが、大橋社長から呼ばれて、次のようなことを言われた。

「弥山クン、君さえ良かったらうちでやってもらいたい。やってもらえるのなら製作主任ということで来てもらったが、次に入る作品からは製作主任ではなく、うちのプロデューサーということでやってくれないか。うちに製作主任は何人かいるが、プロデューサーをやれる人がいない。みんなに聞いてみたけど、弥山クンなら任せていいと思う。どうだろうか？」と。

ドラマ一作やっただけで、いきなりプロデューサーにとは、戸惑うばかり。一本関わっただけで、NMCで長くやっているスタッフらが、一作だけの私を推薦してくれているというのなら、未熟であっても勉強させてもらっていいのではないかと考え、「一生懸命やらせていただきます」と答えたのだった。

所詮は、雇われの、名目上に過ぎないプロデューサーであることは分かっていたが、それでも正真正銘の肩書である。正直、「俺でもこんなに評価され、期待されているのか」と、何ともいえない嬉しさがこみ上げてくるのであった。

NMCでの第二作は翌年の『罪人形』。「昼帯の女王」と呼ばれるようになった松木路子の初主演。のちに松木は映画監督の永野靖忠と結婚した。

『罪人形』は三五パーセント前後の高視聴率で、激しいデッドヒートを繰り広げるTBSの「花王愛の劇場」を大きく上回った。放送された『罪人形』の題名の後、クレジットのトップに、製作・弥山政之、フジテレビのプロデューサーと連名で出たのであった。

その後、『夕陽の舞い』、昼の帯ドラマ初のカラー大作『大奥の女たち』、鹿児島・指宿で二カ月間の大ロケを敢行した「ひめゆり部隊」の『慟哭の花』、確かこの作品で山口いづみが本格的に芸能界デビューしたと思う。『続・大奥の女たち』『ガラスの階段』『男の償い』など、プロデューサーとしては『下町育ち』などクレジットがないものを含めると、何本関わったか記憶が曖昧なので記すことができない。

大橋社長はアルコールがまったく飲めないのに、連夜、神楽坂の料亭に繰り出していた。現在のフジテレビの「天皇」である日枝久会長が確か編成部長で、招待で神楽坂に現れた。私も大橋にお供して何度か日枝に会ったことがある。大橋は日枝のことを、「将来の社長」と睨んでいた。

大橋社長は誰一人、料亭に連れては行かなかった。私は例外だった。なぜかというと「製作」だからだ。会社が頼りにしているのは製作、つまりプロデューサーだ。

大橋社長は「弥山クン、いずれ名目ではなく実質的な(ゼネラル)プロデューサーとしてやってもらいたい。全部、君に任せたいと期待しているよ、ボクは」と言った。

昔はプロデューサーといえば、作品には一人しかいなかったが、いつの頃からかは知らないが、「××製作委員会」方式の製作が主流になって、「プロデューサー」と名のつくプロデューサーは複数いるようになった。チーフプロデューサー、コプロデューサー、製作プロデューサー、ラインプロデューサー……等々。他にまだプロデューサーはあるのだろうか。みんなで渡れば怖くない(責任がない)プロデューサーのオンパレードだ。

一般サラリーマン社会も、欧米ビジネス社会を真似てか、役職も「上席」なんてのが付くようになった。部(課)長でも上席部長(課長)とか、一般社員のなかで熟練者は主任の肩書を得られるが、主任は管理職と見なされていないが、そのうち上席主任なんていうのが生まれるかも知れない。

特殊な場合を除き、プロデューサーは一人。その下にプロデューサー補がいれば十分だ。

組織（東宝や東映にしても）のなかでのプロデューサーは、いわゆる雇われプロデューサーであるが、企画して製作する「根」であり、初めから終わりまでの最高責任者だ。プロデューサーなくして作品は生まれない。

ＮＭＣ社長の大橋は、私にゼネラル（あるいはエグゼクティブ）製作者を求めてくれているのだった。まだ三十歳前で、プロデューサーの響きに「やるぞ！」と熱くなったことが走馬灯のように想い出される。

いよいよ独立

しかし、私は期待されたＮＭＣから、また去ることになる。未熟で力もないのに、気ばかり先走るという、何か慢心があった。

当時、雑誌「問題小説」に、笹沢左保の『三〇〇〇キロの罠』という小説が連載されていた。

本書は、私のことを書くための本ではなく、「若松孝二」がテーマである。流れの都合上、自分のことも少しは書かないと辻褄が合わないため、ご理解いただきたい。これからの話は詳細を除き、結論だけにして先を急ぐ。

『三〇〇〇キロの罠』は、依頼された最新のスポーツカーを、鹿児島から北海道・宗谷岬まで三〇〇〇キロを走破して、その間、各地（都市や観光地）で事件に巻き込まれるというサスペンス。

私はテレビ（映画）に合うストーリーと思って、テレビ化を思いつき、原作者の笹沢左保氏に会って「テレビ化原作権」をもらったことで、NMCを離れて製作する動きをした。仲間は『愛の化石』の脚本家、鈴木岬一、それに岩手県の大牧場主の息子Aと三人であった。ちなみに、『三〇〇〇キロの罠』の映画権は田宮二郎が取得し、田宮プロ・東宝で製作された。

一方、当時、雑誌「週刊女性」に連載されていた時代劇画、とみ新蔵の『愛杤ちるとも』の映画原作権を、とみ新蔵氏から取得した。両原作権は私・弥山個人名義として両先生から承諾のサインをいただいた。

『愛杤ちるとも』は、鈴木岬一氏が鈴木清順監督と懇意な間柄ということで、清順監督に話すと「面白い」ということで、清順監督、鈴木岬一と私は何度も顔を合わせ話し合った。そして鈴木清順監督で映画化する準備に入った。

主演者のことが触れられていないが、主演はアイ・ジョージでいくことが合意されていた。私は赤坂にあったアイ・ジョージ事務所で本人と数回会って出演交渉をし内諾を得ていた。アイ・ジョージは主題歌も唄いたい、と条件を示した。彼に白羽の矢を立てたのは清順監督だ。「鉄門海上人」の役にピッタリで異色の起用となった。そのことは清順談話に出ていないが、アイ・ジョージで決まっていた。鈴木清順監督で映画化のことはプロローグで記しているので再記しない。

『三〇〇〇キロの罠』は田宮二郎が映画化したが、テレビ化に動いた私は、主役は田宮二郎と決め、調布・緑ヶ丘の田宮邸で、田宮と三度ばかり会って田宮の協力を取り付けた。企画書には製作・企画は田宮二郎・弥山政之の二人の名前が刷り込まれている。

結果、両作品が世に出ることはなかった。すべて、製作者の私のまったくの力不足によってポシャってしまった。言い訳や弁明はノーであるが、あえて記せば、ある人物に裏切られたのが大きな要因であるが、それを言っても始まらない。私の責任である。

私は鈴木清順監督、田宮二郎、そして鈴木岬一あるいは原作者等に対して、詫びようもなく、断腸の思いで業界から姿を消した。都落ちを余儀なくされたのであった。

昭和四十八年の暮れか、四十九年の年明けだったと思う。

一、酔えば琥珀の　その酒に　あきらめきれぬ　夢がある
消えない過去《むかし》の　傷もある　生きてきた　この道程《みち》に
少しは悔いは　ないけれど　涙がこころを　かすめる夜は
グラスの海に　故郷《こきょう》が見える

二、氷ゆらせば　その向こう　故郷《ふるさと》行きの　船がでる
たどる潮路の　彼方には　やさしく迎える　港町《まち》がある
人生の　折り返し　大志《のぞみ》は今も　燃えるけど　涙がこころを　かすめる夜は
グラスの海に　故郷《こきょう》が見える

（「グラスの海」作詞・仁井谷俊也、作曲・四方章人、編曲・石倉重信、唄・たけうち信広）

躓いた過去のなかで、叶わぬ夢を追う男の哀愁……の演歌は、夢を捨てざるを得なくなった自分とオーバーラップしたはずであった。

平成十七、八年頃だったか、「東京広島県人会」という組織があって、会員は三千人を超え、日本一の県人会といわれた。

会長は当時、東映会長の岡田茂。東京での「新年懇親パーティー」、春と秋に「役員懇親会」が開催されるが、私は県人会の執行理事になっており、岡田会長と話す機会があり、『愛朽ちるとも』の話をした。岡田会長は思い出してかどうかは定かではないが、

「鈴木清順と組む弥山というのは何者か思ったもんよ。なんでわしのところへ相談に来んかったんかいのう。広島人は東京で結束して助け合わんにゃいけんのよのう。あのときの弥山というのはお前さんだったんか。運がなかったんよのう。面白い企画があったらわしのところへ持って相談に来りゃえかったのに」

と、大ヒット映画『仁義なき戦い』、広島ヤクザを彷彿させる広島弁丸出しの岡田節で話された。

日本一のプロデューサーを自認した広島県西条（現・東広島市）出身の岡田茂会長は二〇一一（平成二十三）年五月九日に逝去している。

エピローグ

逢いたかったぜ、若兄ィ。

「あなたはプロデューサーでも一流になれた人でしたね……」

「伝説の映画監督」の一人として深く記憶に残るであろう稀有な監督・若松孝二、私の映画人生神話期の「兄ィ」であることは何度も記している。

本を書くことになった私であるから、映画界時代の素性が明らかにならないと、「どこのどいつが若ちゃんのことを書くのか」と訝しられても面白くない。したがって、自分のことを書いても笑われるだけだが、仕方なく、恥を曝し、書かざるを得なかったことを言っておきたい。

私には若松映画がどうだこうだと言う資格もないし、まして評論家でもないし、だいたい映画を解説する能力などない。「面白かった」「つまらなかった」「くだらん」「感動した」ぐらいのフレーズで表現することしかできない。自分が若松プロで作品に関わった作品以外、若松映画を観た作品はないのだから。若松作品云々という情報は、マスコミや評論家がもたらしたものを「そうなのか?」と思い、「偉くなっているんだな」と思っているくらいのものだ。

私が若松論を語ることが許されるのなら、単純に次のようなことが言える。

若松映画を「セックスと暴力」「反権力、反社会」というが、すべての映画そのものは、若松の性格であり、宮城から東京に出て映画界入りまでの彼が「生きてた景色」遠景であったり近景であったり、そういった東京での黎明期時代が大きく反映したのではないかと思うし、その上に、なんといっても足立正生という存在が肥やしとなった。大和屋竺しかり。若松プロに現れた「異人」「怪人」たちの思想の甘受が、さらに異色の若松作品を生み出していった、と。

それ以上の難しい解説はできない。

プロローグにも引用したが、鈴木義昭氏が「六年間を伊藤孝（若松孝二の本名）は、東京の最底辺を流浪し、生きていた」と、「その辺りは語ろうとしないので知るすべもない」と昭和五十八年の著書で記しているが、その後の「若松自伝」において「未」の部分が語られているが、それも曖昧な語りであるし、本当の「未」の部分は語られてはいない。未の部分の「六、七年間」は、神話時代であるが、神話時代の「数年間」、寝食を共にしたのが私である。「若兄ィ」であった若松は、その時代のことを伏せたとしても、咎められることは何もない。懸命に生きただけのことだ。

人間は嘘をつく動物である。嘘の大小はともかく、嘘をつかなかった人間なんていないだろうし、各業界で成功した人間だって成功の裏には「いまさら知られても……」と、具合の悪いことは嘘をつき、伏せられるものだ。

若松自身は、「ヤクザの子分だった」「刑務所に入った」と公言し、それも若松らしい、若松のざっくばらんな人間性の魅力の一つと捉えられるが、これらのくだりは記憶の曖昧な物語と受け流せば納得できるのではないかと私は思うが、名声を得ればそうもいかない。マスコミは喧しい。

こうしていま振り返ってみると、若松孝二と深く関わってきた時代があったことに感謝している。「五人組」のなかで唯一、映画界に残って監督として世に出た若松孝二を誇りに思う。五人組のなかで何人生きているかは知らないけれど、有名人の若松孝二の「死」はショックだった。私の東京時代の映画人生にまつわる想い出は、若兄ィの死によってすべて消えていった。

想い出の写真などあろうはずもない。カメラなんか持っているはずもないし、今日のようにデジカメや携帯電話、スマホが普及し、スマホカメラでいつどこでもパチリと撮る時代であれば、「淡島時代」の若松孝二、M・Hそして私と三人の写真もあっただろう。しかし、そういったものは何ひとつない。残念ながら記憶のみである。記憶のなかでの若松孝二との想い出は、まだ書き切れないことがたくさん残っている。

最後にとっておきの話をひとつ。

若松と出会った一九五七(昭和三十二)年は、売春防止法が成立し、翌三十三年四月一日から施行された前年だ。一九五八(昭和三十三)年の春、私は若松と二人で新宿をうろついていた。確か花園神社あたりだったと思う、神社に記憶があるから。

若松が「坊や、ちょっと遊んでいこうか」と言った。何のことかわからなかったが、向かった先は売春宿だった。あとで知ったことだが、あのあたりは青線地帯(許可のない売春)のようだった。一軒の宿に入った。いわゆるやり手ばあさんらしき人が対応した。らしき人は、「もうできないよ。昨日で(売春は)できなくなったんだよ。見つかるとやられちまうよ」とかなんとか言っていた。若松は、「最後の記念の思い出として上がりたい。若いのに(私のこと)思い出をつくってやりたい」とか言った。

ばあさんは若松の粘りに負けたのか、「困ったねえ」と言いつつも「内緒だよ、分かったらとっちめられるからね。じゃ、上がりな」と二人を二階に通してくれたのであった。

「昨日まで……」と言っていたので三月三十一日に売春の灯が消えた四月一日の夜のことだったはずだ。

「覚えているかい、天国の若兄ィ。若兄ィが俺に『お前、長いじゃないか』と文句を言ったこと」

「バカ野郎、お前、そんなつまらないこと、まだ覚えてんのか、しょうがない奴だ」と、この世にいれば言うはずだ。

あの頃は若かった。目が輝いて目力があった。歳を数え、いずれこの世からグッドバイする。「始めあるものは終わりあり」の、ことわざのように、生あるものの定めというけれど、見まわすと、一人消え、また一人旅立ち、気がつけばオレ独りぼっちだよ。

人間、孤独だ。孤独のなかで、運命の日、旅立ちの日まで、艱難辛苦の人生であっても、生きなくちゃいけない。生きる希望を失って命を断つ人もいるけれど、俺はどうしても、二十年来、温めている超大作企画（脚本・香取俊介）を一本、世に送り出すまではしぶとく生きるよ。

なぁ若兄ィ、そうだろう？　人生いろいろ、あらあな。

映画界に旋風を巻き起こした異色の映画監督・若松孝二。若兄ィ、想い出をありがとう。


最後に、「監督」の著書は多いが、「プロデューサー」の著書はなかなかお目にかかれない。私は文中で、製作（プロデューサー）＝製作担当（製作主任）にくどいほどこだわったが、それも製作（部）を理解してほしいがためである。

現実のプロデューサーの仕事の一端を、大物・名物プロデューサー御三方の著書から引用をさせていただく。『大根と人参』『男の顔は履歴書』『宮本武蔵』『砂の器』『蒲田行進曲』等の松竹の升本喜年プロデューサーは、

　日が経つにつれて、夢と現実の違いに驚くことが少なくなかった。最も失望したのは、この撮影所のプロデューサーの権限や発言力があまりにも弱いことだった。入社する前のぼくが諸々の映画資料で得ていた知識では、映画プロデューサーとは作品の企画立案から完成までを総括する一切の責任者ということだった。

　その企画によって、脚本家を選定し、脚本執筆を依頼して、その作品に最適の監督を選出し、完成した脚本に従って、主演から脇役までの配役を決めていく一方で、製作費の予算を立て、

完成して決算するまでの責任を負う。それがプロデューサーの仕事であり、監督はその作品の芸術上の責任者であると映画事典には書いてあった。
ぼくが夢に描いていたのはアメリカ映画のダリル・F・ザナックやセシル・B・デミルのようなプロデューサー像だったが、そんなものではまったくない。何とも情けないが、松竹映画のプロデューサーたちの立場や発言力はまったく弱いのだ。（中略）
また、名作『蒲田行進曲』の総合プロデューサーという立場でありながら、「クレジットにぼくの名前がないのは寂しいが。

と語っている。
石原裕次郎を発掘して『太陽の季節』『狂った果実』『俺は待っているぜ』『銀座の恋の物語』等三十一本の「裕次郎映画」をプロデュースした、日本映画界初の女性プロデューサー、日活の水の江瀧子プロデューサーは、

プロデューサーってものは、あっち相談したりしてたら意味ない。他の人は役者の機嫌とったりもしたけど、私は一切とらないの。嫌だっていったら、ああそうですかって、終り。予算が足りないって文句いったってしょうがない、それでやるしかないの、仕事だと思ってやるから苦にならないの、自分の責任だからね。雇われプロデューサーですからね。でも日活は自分

の金でやるような気持ちでやれって、全部任してくれましたよ。完全なプロデュース制度です。タイトルに『企画』となっているのは、『ビルマの竪琴』（監督市川崑・昭和三一）がアカデミー賞にノミネートされた時に、プロデューサーの高木雅行さんに招待状が来ちゃったのね、それで会社が怒っちゃって、それから『製作』ではなく『企画』ということになったんです。お雇いプロデューサーだから『企画』でいいのよ。会社は赤字出せばガンガン怒るけどね、ちょっとしたコツがあるんです。最初から当たりそうもない映画を作る時は、監督に因果を含めて予算内で押さえるの。そうしていくらか浮かすの。儲かるものの時はどんどん使う。それで赤字出しても、ね。

裕ちゃんのは絶対儲かりますからね。会社は文句いえないんです。そういったコツは身についているんですよ。私はいろいろやりましたから。レビューもやったし、軽演劇やってドサ回りもやってるし、外国にも行ったし、スターもやった。浮き沈みが激しいのよ、私は。そうやって、いろいろやったけど、やっぱり私は、あのプロデューサー時代が、一番面白かったですねえ。

と語っている。

『青春の門』『楢山節考』『鬼龍院花子の生涯』『仁義なき戦い』『極道の妻たち』等の東映の日下部五朗プロデューサーは、

映画ができてしまうと、非常にしばしば監督のものになり、しばしば俳優のものになり、あるいは脚本家のものになる。プロデューサーのものになった例がない。ハリウッドと違って、日本のプロデューサーに金が残らないことは、前に述べた通り。

そこで、わたしは『極妻』をわたしのものにすることにした。監督のものでもスターのものでもない、プロデューサーの映画にしようと決めたのだ。すなわち、『極妻』シリーズは監督と主演を毎作変えようと思い立ったのである。

第一作は、宮尾さんの原作もの同様、女性観客を引きつけるために、主演を岩下志麻さんで行く。志麻さんもやくざの女親分になるというのは大転換であり、慎重になった。そこで監督は志麻さんが信用する人を、というので、五社英雄監督に頼んだ。五社監督ならこっちもツーカーである。脚本は豪腕高田宏治に頼もう。『鬼龍院花子の生涯』のトリオだ。（中略）

第一作は大ヒットした。さあ、シリーズ化だ。わたしは当初の予定通り、監督も主演も変えた。五社さんは「次も俺が撮る」と高田宏治に言っていたらしいけれど、監督は土橋亨、降旗康男と変えていった。主演は日本のトップ女優を順繰りにお願いして行こうと、二作目は十朱幸代、三作目は三田佳子の姐さんになった。

降旗が撮った『極道の妻たち　三代目姐』（一九八九年）は、三田さんの姐さんと萩原健一の若頭補佐の恋愛模様も味わいがあり、フランス映画のような匂いと肌触りの映画になり、わたしは降旗を、「さすが東大仏文科卒やなあ」と激賞した。

最後は三田さんが堅気でなく、三代目姐として生きると決める場面で終わるから、「これ続きあるわよね」という主演女優のご下問につい釣られて、

「ええ、やりますよ、三田さんお願いします」

そう答えてしまったのだが、次は山本陽子さんで行こうと決めていた。ところがこの三作目の興行があまり振るわなかったので、四作目『極道の妻たち　最後の戦い』(一九九〇年)はまた志麻さんに戻すことになった。おかげで三田さんにパーティで会った時、「五朗ちゃんの嘘つき!」と、満座でなじられてしまった。ともあれ、『三代目姐』は『極妻』シリーズの中で一作目と並ぶ傑作であった」

プロデューサーをやらせれば、わたしの右に出るものはいない。だから生まれ変わっても、わたしは映画プロデューサーになる。映画作りは、確かに、麻薬なのだ。三日やればやめられぬ稼業の筆頭は乞食などではない、映画プロデューサーである。

と語っている。

御三方の著書を読めば、「プロデューサーほど〈面白い〉仕事はない」と興味を惹くはずだ。映画青年の業界入りには、監督ではなく製作部=プロデューサーを目指して、面白い企画を立て、映画界が元気になる映画を創り出してほしい。

本書のテーマである「若松孝二監督」はプロデューサーの顔を持つ。

一九六五(昭和四十)年、記念すべき若松プロ第一作『壁の中の秘事』以来、二〇一二(平成二十五)年公開の『千年の愉楽』まで、若松プロのプロデューサーであり、かつ大島渚監督『愛のコリーダ』(製作・大島プロ、配給・東宝東和)、山下耕作監督『戒厳令の夜』(製作・白夜プロ、配給・東宝)等のプロデューサーであり、監督よりもむしろプロデューサー向きだったと私は思う。なぜなら、映画づくりの始まりは、プロデューサー(企画)であり、金(製作費)が要であるからだ。金がなくては物事は始まらない。プロデューサーの手腕は資金づくりの才能が大きく左右する。

若松プロ/若松孝二が作りたい「映画」を自由奔放につくり、監督ができたのは、金をつくりだす「プロデューサー力」の賜物であろう。

とはいえ、「ピンク映画」の製作なんて零細企業そのものである。

当時のピンク映画の製作費は、一本二百五十万〜三百万円前後である。監督業だけならここから四、五十万円貰えばそれで済むが、プロダクションを運営するとなると四、五十万円の監督料だけではどうにもならない。若松は映画を一本完成させるに当たって、三百万円なら最初から半分ほど抜いてしまう。つまり、半分の百五十万円で完成させようと努力するのだ。もちろん、必ずしも百五十万円でおさまるとは限らず二百万円、それ以上になることもあるが、いずれにしても金をかけない映画づくりの「天才」ではなかったか。

『犯された白衣』の撮影は、旅館の一室のみで三日間で完成させた。撮影スタッフは、監督、助監督一名、撮影二名、照明二名、製作一名、記録一名と最少人員八名だった。編集も監督がやり、あとは脚本と録音スタジオ。主な費用は人件費だが主演女優は別格。スタッフ費は渋い。

それでも、若松プロに人材が集まったのは、ピンクであってピンクではない、社会への挑戦的映画づくりが、若者たちの共感を呼んだからであろう。そして、門を叩く者を拒まない、という若松の人生哲学によるものからであろう。

本書では、若松の天才的な「金銭感覚」の話を披露しているが、映画づくりも同じで、「金がなければ映画はつくれない」という若松は、一本最低百万円を抜いて、映画づくりの前期には、年間十本以上のピンク映画を撮った。よって年間一千万円以上の収益を得ていた。それが蓄積されて若松プロが今日まで存続していく原点になったといえる。

若兄ィ、若松孝二は私にこのようなことを言った。

「坊や、弥山よ、ピンクの製作費でもやりようによっては儲かる。ケチ、値切る。ピンクはこれだよ」と。

監督・プロデューサーの「二刀流」で五十年間、映画界に旋風を巻き起こし、走り続けた稀有な櫛風沐雨のごとし、凄い男だった。

「な、若兄ィ、そうだろう」

若松孝二があの世へ旅立って、若松監督と親密な関係にあった読売新聞の元映画記者で、現在は映画評論家で翻訳家の河原畑寧氏が、讀賣新聞（二〇一二年十月十九日付）に若松監督への追悼文を書いている。

一見、やんちゃな暴れん坊が長続きしたのは、現場叩き上げの知恵と並外れた根性ゆえ。いつも威勢よく、弱音を吐かず、桃太郎のように笑っていたワカちゃん。

「若兄ィ」と寝食を共にした私でも、この一文には脱帽である。ボクらの「若兄ィ」と呼んだ「若松孝二」監督は、もう現世にはいない。

参考文献

五木ひろし『昭和歌謡黄金時代』（KKベストセラーズ）
大高宏雄『映画業界最前列線物語』（愛育社）
岡田茂『悔いなきわが映画人生』（財界研究所）
角川春樹・清水節[編]『いつかギラギラする日、角川春樹の映画革命』（角川春樹事務所）
香取俊介『すべて脚本・シナリオから始まる』（学陽書房）
日下部五朗『シネマの極道・映画プロデューサー一代』（新潮社）
小出忍・掛川正幸[編]『時効なし』（ワイズ出版）
斎藤守彦『日本映画、崩壊』（ダイヤモンド社）
週刊朝日[編]『値段の風俗史』（朝日新聞社）
鈴木義昭『ピンク映画水滸伝』（青心社）
鈴木義昭『若松孝二　性と暴力の革命』（現代書館）
空辰男『加害基地宇品』（汐文社）
二階堂卓也『ピンク映画史』（彩流社）
西河昭幸『日本映画一〇〇年史』（ごま書房新社）
平沢剛[編]『若松孝二全発言』（河出書房新社）
藤浦敦『だんぴら一代』（洋泉社）
升本喜年『映画プロデューサー風雲録』（草思社）
水の江瀧子『みんな裕ちゃんが好きだった』（文園社）
山本晋也『カントク記』（双葉社）
四方田犬彦・平沢剛[編]『若松孝二　反権力の肖像』（作品社）
若松孝二『俺は手を汚す』（河出書房新社）
渡辺英綱『新宿ゴールデン街物語』（講談社）

その他、雑誌「石原裕次郎没後30年永遠の大スター」(朝日新聞出版)、「昭和40年男」(CRETE)、「昭和30年代の家計簿」(宝島社)、「キネマ旬報」「文藝春秋」、新聞「日刊ゲンダイ」「週刊読書人」等を参考にさせていただきました。関係者各位のみなさまに記して感謝いたします。

【著者】
弥山政之
…みやま・まさゆき…
1941年、広島市生まれ。4歳時に被爆。高校中退し、俳優を目指し映画界に入る。「東北新社」「香港ショウ・ブラザーズ」「若松プロ」「石原プロ」等で製作進行や製作主任を務める。フジテレビ放映ドラマ『ガラスの階段』『罪人形』『男の償い』『慟哭の花』『大奥の女たち』等のプロデューサー。1981年、月刊誌を創刊(30年間発行)。主な著書に『福山の暴れン坊「能宗孝という男」』『日本一のキャバレー王「森川孝人・男の戦い方』等がある。座右の銘「人生夢求。生ある限り懸命に生き抜く」

Sairyusha

伝説《でんせつ》の映画監督《えいがかんとく》　若松孝二《わかまつこうじ》秘話《ひわ》

二〇一八年六月三十日　初版第一刷

著者――弥山政之
発行者――竹内淳夫
発行所――株式会社 彩流社
〒102-0071
東京都千代田区富士見2-2-2
電話：03-3234-5931
ファックス：03-3234-5932
E-mail：sairyusha@sairyusha.co.jp
印刷――明和印刷(株)
製本――(株)村上製本所
装丁――中山銀士＋杉山健慈

ISBN978-4-7791-2494-5 C0074
http://www.sairyusha.co.jp

フィギュール彩

〔既刊〕

⑪ 壁の向こうの天使たち

越川芳明◉著

定価(本体1800円＋税)

天使とは死者たちの声なのかもしれない。あるいは森や河や海の精霊の声なのかもしれない。「ボーダー映画」に登場する人物への共鳴。「壁」をすり抜ける知恵を見つける試み。

㊼ 誰もがみんな子どもだった

ジェリー・グリスウォルド◉著／渡邉藍衣・越川瑛理◉訳

定価(本体1800円＋税)

優れた作家は大人になっても自身の「子ども時代」と繋がっていて大事にしているので、子どもに向かって真摯に語ることができる。大人(のため)だからこその「児童文学」入門書。

㊵ 編集ばか

坪内祐三・名田屋昭二・内藤誠◉著

定価(本体1600円＋税)

弱冠32歳で「週刊現代」編集長に抜擢された名田屋。そして早大・木村毅ゼミ同門で東映プログラムピクチャー内藤監督。同時代的な活動を批評家・坪内氏の司会進行で語り尽くす。